二战经典**战役**系列丛书

鏖兵瓜岛

白隼　编著

图文版

北方联合出版传媒(集团)股份有限公司

万卷出版公司

ⓒ 白隼 2018

图书在版编目（CIP）数据

鏖兵瓜岛 / 白隼编著. — 沈阳：万卷出版公司，
2018.8
（二战经典战役系列丛书）
ISBN 978-7-5470-4953-2

Ⅰ．①鏖… Ⅱ．①白… Ⅲ．①瓜达康纳尔岛战役 - 史
料 Ⅳ.①E195.2

中国版本图书馆CIP数据核字（2018）第118851号

出 品 人：刘一秀
出版发行：北方联合出版传媒（集团）股份有限公司
　　　　　万卷出版公司
　　　　　（地址：沈阳市和平区十一纬路25号 邮编：110003）
印 刷 者：辽宁新华印务有限公司
经 销 者：全国新华书店
幅面尺寸：170mm×240mm
字　　数：222千字
印　　张：15.5
出版时间：2018年8月第1版
印刷时间：2018年8月第1次印刷
丛书策划：陈亚明 李文天
责任编辑：赵新楠
特约编辑：吴海兵
责任校对：张希茹
装帧设计：亓子奇
ISBN 978-7-5470-4953-2
定　　价：49.80元
联系电话：024-23284090
传　　真：024-23284448

常年法律顾问：李 福 版权所有 侵权必究 举报电话：024-23284090
如有印装质量问题，请与印刷厂联系。联系电话：024-31255233

前　言

　　1931 年 9 月 18 日，日本关东军在沈阳制造了九一八事变，日本帝国主义的魔爪开始伸向有着五千年文明的中华大地，中国最屈辱的历史从此开始。1939 年 9 月 1 日，希特勒独裁下的德国军队闪击波兰，欧洲大地不再太平，欧洲人的血泪史从此开始书写。一年后，德国、意大利、日本三个武装到牙齿的独裁国家结盟，"轴心国"三个字由此成为恐怖、邪恶、嗜血的代名词。

　　德、意、日三国结盟将侵略战争推向极致。这场战争不仅旷日持久，而且影响深远。人类自有战争以来从未有过如此大规模、大杀伤力、大破坏力的合伙野蛮入侵。"轴心国"的疯狂侵略令全世界震惊。

　　面对强悍到无以复加的德国战车，面对日本军队疯狂的武士道自杀式攻击，被侵略民族不但没有胆怯，反而挺身而出，为了民族独立，为了世界和平，他们用一腔热血抒写不屈的抵抗，用超人的智慧和钢铁意志毫不犹豫地击碎法西斯野兽的头颅。

战役是孕育名将的土壤，而名将则让这块土壤更加肥沃。这场规模空前的世界大战，在给全世界人民带来无尽灾难的同时，也造就了军事史上几十个伟大的经典战役，而这些经典战役又孕育出永载史册的伟大军事家。如果把战役比作耀眼华贵的桂冠，那么战役中涌现出的名将则是桂冠上夺目的明珠。桂冠因明珠而生辉，明珠因桂冠而增色。

鉴于此，我们编辑出版了这套《二战经典战役系列丛书》。其实，编辑出版这套丛书是我们早已有之的宏愿，从选题论证、搜集资料、确定方向到编撰成稿，历经六个春秋。最终确定下来的这20个战役可谓经典中的经典，如历史上规模最大的海战莱特湾大战，历史上规模最大的航母绝杀，历史上规模最大、最惨烈的库尔斯克坦克绞杀战……我们经过精心比对遴选出的这些战役，个个都特色鲜明，要么让人热血沸腾，要么让人拍案叫绝，要么让人扼腕叹息，抑或兼而有之。这些战役资料的整理花费了我们相当多的时间和精力，兴奋、激动、彷徨、纠结，一言难尽。个中滋味，唯有当事人晓得。

20个战役确定下来后就是内容结构的搭建问题。我们反复比对已出版的类似书籍，经过研究论证，最终形成了自己的特色。历史拐点（时间点）往往是爆发点，决定历史的走向，而在这个历史拐点上，世界上其他地方正在发生什么？相信很多人对此都会比较感兴趣。因此，我们摒弃了传统的单纯纪事本末叙述方式，采用以时间轴为主兼顾纪事本末的新颖体例。具体来说，就是在按时间叙事的同时，穿插同一时间点上其他战场在发生什么，尤其是适当地插入中国战场的情况，扩大了读者的视野。

本套丛书共20册，每册一个战役，图文并茂，具有叙事的准确性与故事的可读性，并以对话凸显人物性格和战争的激烈与残酷。每册包含几十幅精美图片，并配有极具个性的图说，以图点文，以文释图，图文相得益彰。另外，本套丛书还加入了大量的原始资料（文件、命令、讲话），并使其自然融入相关内容。这样，在可读性的基础上，这套丛书又具备了一定的史料价值，历史真实感呼之欲出，让读者朋友不由自主地产生一种穿越的幻觉。

本套丛书的宗旨是让读者朋友在轻松阅读的同时，对第二次世界大战有一个整体的认知，力求用相关人物的命令、信件、讲话帮助读者触摸真实的历史、真实的战场，真切感受浓浓的硝烟、扑鼻的血腥和二战灵魂人物举手投足间摄人心魄的魅力。

品读战役，也是在品读英雄、品读人生，更是在品读历史。战役有血雨腥风，但也呼唤人道。真正的名将是为阻止战争而战的，他们虽手持利剑，心中呼唤的却是和平。相信读者朋友在读过本套丛书后，能够对战争和名将有一个不一样的认识。

最后，谨以此书献给那些为和平、为幸福奋斗不息的人们！

目　录

第一章

一场糊里糊涂的海战

美军陆战第一师的演习一片混乱，一位随军记者描述了这次演习的情形："……登陆艇在水里打转，找不到起点在哪里，军官们声嘶力竭地传达命令，但不知道他们应该具体做些什么……"

◎ 东进不成，可以南进

战争狂人山本五十六于 1942 年 6 月初率领日本舰队倾巢出动，发动了旨在摧毁美国太平洋舰队的中途岛战役。然而，让山本没有想到的是，占据优势的日本海军在两天内就损失了 4 艘航空母舰。战役进程仅持续了短短的 5 天，就以日本的惨败而告终。正如美国海军总司令欧内斯特·约瑟夫·金所说："中途岛战斗是日本海军 350 年以来的第一次决定性的败仗，它结束了日本的长期攻势，恢复了太平洋海军力量的均势。"

中途岛战役对一向自诩"天下第一"的日本海军来说，不啻为一次沉重的打击。然而，日军大本营和联合舰队总司令无视自己实力已大大削弱这一事实，仍然自负地认为"美军不堪一击"。他们把中途岛战役的失败归结为情报不畅和骄傲轻敌，东进不成，可以南进。两个月后，日美双方爆发了瓜达尔卡纳尔岛战役，简称"瓜岛战役"。

这是一次可怕的消耗战，从当年的 8 月上旬持续到次年的 2 月上旬，其结果仍然是以日军的惨败告终。瓜岛战役是继中途岛海战后日军的再次失败，也是日本从战略优势走向劣势的转折点。盟军在瓜岛的胜利，与同时期的斯大林格勒战役、阿拉曼战役一起，成为同盟国进入战略反攻阶段的开始。

瓜岛，全名瓜达尔卡纳尔岛，位于南太平洋所罗门群岛的东南端，是西南太平洋岛国所罗门群岛最大和最主要的岛屿，太平洋西部一系列火山岛屿之一。瓜岛长150公里，宽48公里，陆地面积约5336平方公里。中部有许多山脊尖削的山脉，最高峰马卡拉康布，海拔2447米。北部沿海有较大平原。南岸悬崖陡壁直逼海边。瓜岛于1788年被发现，1893年成为英国保护领地，是英属所罗门保护国的一部分。太平洋战争爆发后被日本军队占领。这个名字拗口又不起眼的岛屿，自从日美双方军队在此爆发大战后，为世人所瞩目。

1942年5月初的日美珊瑚海航母大战，日军未达到占领莫尔兹比港的目的，便决定组织中途岛战役，然而中途岛一战日军败得更惨，日本联合舰队丧失了主要的海空突击力量。鉴于此，日军统帅部大本营不得不重新考虑原来制定的太平洋战场作战方案。原来的作战方案重心放在太平洋正面，即5月上旬实施莫尔兹比港（珊瑚海大战）作战，6月上旬实施中途岛作战，7月实施旨在切断美澳交通线的攻占新喀里多尼亚、斐济、萨摩亚群岛的作战（代号"FS"）。

1942年5月，日军占领了所罗门地区的图拉吉岛。这个岛原是英属所罗门群岛保护地的首府，由澳大利亚委派的总督管理。

6月16日，日军派门前鼎大佐指挥工兵先遣队250人登陆瓜岛。

7月2日，美国参谋长联席会议下达了"瞭望台战役"计划，该计划规定："战役的首要任务是夺取圣克鲁斯群岛、图拉吉岛及其附近要地，由太平洋战区司令尼米兹将军担任战略指挥。一旦在图拉吉地区站稳脚跟，即执行战役第二任务，向巴布亚半岛的萨拉马瓦和莱特进军，同时夺取所罗门群岛的剩余部分并北上，该阶段由麦克阿瑟将军担任战略指挥。之后，盟军转而对拉包尔实施两面夹击。此次战役的最终目标是拿下新不列颠岛、新爱尔兰岛及新几内亚。"

"瞭望台战役"发起的时间原定于8月1日，然而，一件意想不到的事情发生了。原来，就在美军制订"瞭望台战役"计划期间，日军在瓜岛修建机场的工作已近完工。美军太平洋舰队总司令尼米兹海军上将和南太平洋战区司令官戈姆利中将获得这些情报后，感到非常震惊。这个飞机场一旦建成，从瓜岛起飞的日本空军就能轰炸圣克鲁斯群岛、埃法特岛和新喀里多尼亚北部的库马克机场，这就意味着上述驻地的美军不久将遭受日军炸弹轰击，盟军现有的防线将受到严重威胁，不仅危及澳大利亚，更重要的是"瞭望台战役"计划就要被打乱，自然不能置之不理。鉴于此，美军立即调整了"瞭望台战役"计划，暂缓对圣克鲁斯群岛的进攻，将瓜岛作为首先夺取的目标。

7月6日，日军再次派第十一工兵队2500人登陆瓜岛，其中有许多从朝鲜和中国抓来的劳工，同时还运去了大量建设器材，开始在岛上修建机场。为了争取在8月5日以前建成机场，日军随后又派冈村德长少佐前来监督施工。到7月中旬，一条长1200米、宽50米，用珊瑚砂土掺和水泥铺就的简易飞机跑道基本完成，就等飞机进驻了。

◎ 范德格里夫特的"瘟疫行动"

7月10日，美军太平洋舰队总司令尼米兹给在南太平洋战区司令戈姆利下达作战指令，命其部攻占图拉吉岛和瓜岛。随后，戈姆利任命海军陆战第一师师长范德格里夫特少将为瓜岛登陆作战部队的指挥官，限其在5个星期内拿下瓜岛和图拉吉岛。

范德格里夫特，全名亚历山大·阿彻·范德格里夫特，昵称阿奇，1887年3月13日生于弗吉尼亚州夏洛茨维尔镇的一个建筑师和承包商家庭。1905年在弗吉尼亚大学学习。1908年毕业后即加入美国海军陆战队。1909年1月22日，范德格里夫特被派往南卡罗来纳州皇家港的海军军官学校任教员，授少尉军衔。此间曾在新罕布什尔州朴次茅斯的海军军营体验过海军生活。1912年先后在古巴和尼加拉瓜参加过轰炸和攻击行动。1914年到墨西哥的韦拉克鲁斯参加海军陆战队的军事行动，同年12月

范德格里夫特

晋升中尉，并在费城参加了海军军营的基地训练。之后，随第一海军陆战队到海地执行剿匪行动。1916 年 8 月，范德格里夫特在海地太子港警察局工作，并晋升上尉。1918 年 12 月返回部队。1919 年 7 月作为宪兵，又被任命为海地警察局督察。1920 年 6 月晋升少校。1923 年 4 月回国后，被分配到弗吉尼亚的海军基地。1926 年 5 月完成海军陆战队学校的外勤人员课程后，被分至加利福尼亚州圣地亚哥基地任参谋长助理。1927 年 2 月到驻扎在中国天津的第三海军陆战队总部，担任行动及培训主任。1928 年 9 月，范德格里夫特奉调华盛顿特区任预算局首席协调员助理，常驻海军陆战队舰队提科军营。1934 年 6 月晋升中校。1935 年 6 月，范德格里夫特再次来到中国，任北平美国大使馆海洋支队总指挥。1936 年 9 月调回海军陆战队总部，晋升上校。1937 年 6 月在华盛顿特区任海军学校校长军事秘书，次年 4 月任校长助理，5 月晋升准将。1942 年 3 月晋升为少将，同年任海军陆战队第一师师长，并在瓜岛战役中立下赫赫战功。1943年晋升为中将。1944年1月1日，任第十八海军陆战队司令。1945年4月4日，范德格里夫特晋升为上将，他是美国海军陆战队第一位上将。1946年6月30日被授予"杰出服务奖章"，同年12月31日退出现役。服役期间先后获得各种勋章和荣誉奖章24枚，并被7所大学授予荣誉军事学博士或法学博士。1973年5月8日在马里兰州贝塞斯达的国家海军医疗中心去世，享年86岁。遗体葬于阿灵顿国家公墓。后来，美军一艘护卫舰和一条街道以其名字命名。著有《一个海军陆战队员》一书。

范德格里夫特生就一副刚毅的面孔，雷厉风行。然而，这一次不同，戈姆利要求他必须在5个星期内拿下两处岛屿。范德格里夫特刚从国内赶来，就去指挥一场大规模的两栖登陆战役，而作战地区又是不为人知的岛屿，不仅号称无所不知的美国海军不太清楚，就连岛屿的实际控制者澳大利亚海军部也不太清楚，甚至连一张地图都没有。参谋人员找遍了能找到的一切资料，最后也只找到一张陈旧的航海图、一叠传教士们拍摄的年深日久的照片，还有一部美国作家杰克·伦敦的长篇小说《冒险》。杰克·伦敦在小说中描写了所罗门群岛上的一个椰子种植园。范德格里夫特及其参谋人员才从中得知，他们远征的目标是一处蛮荒之地。

戈姆利只留给范德格里夫特4个星期的准备时间。由于参加登陆作战的运输船的物资装载必须按照特殊的"战斗装载"标准装载，港口小，又正值多雨季节，码头上的秩序非常混乱，加上码头工人正在进行罢工，陆战一师的官兵不得不自己进行卸货、装载。他们分成三班，二十四小时连续不断工作。司令部刚刚组建，参谋人员很少，加上作战准备时间又非常紧张，把他们搞得手忙脚乱。

最大的问题是兵力不足，陆战一师只有两个团到达，另一个团还在萨摩亚，经戈姆利和范德格里夫特强烈要求，才将陆战第二师的第二团和其他部队的3个营编入陆战第一师，这样勉强凑成一个加强师，总兵力约1.8万人。不过，这3个团还没进行过严格、系统的登陆战训练，战术水平、战斗力都很低。直到7月28日，范德格里夫特才抽出时间匆忙进行了一次临战登陆演习。

仓促组织的演习自然是一片混乱，一位随军记者描述了当时演习的情形："……登陆艇在水中打转，找不到起点在什么地方，军官们声嘶力竭地传达命令，却不知道他们应该具体做些什么。当第一波攻击组织成功向海岸上冲击时，又有不少船只在距陆地几百米处搁浅。其他船只勉强挣扎上岸，却乱作一团，毫不夸张地说，没有一个士兵真正按照当初的命令顺利上岸。"

其实，范德格里夫特对这次战役没有多少信心，他称这次作战行动为"瘟疫行动"。在匆忙看完杰克·伦敦的小说后，他仿照小说中的句子，自嘲："国王没把我们放逐到所罗门群岛，倒是日本人把我们逼到那儿去了。"陆战第一师的士兵们更是如此，他们给这次战役取名"小本经营"。然而，让范德格里夫特和他的部队没有想到的是，这个"小本经营"最后竟然变成了大生意。

◎ 登陆成功未遇抵抗

7月11日，日军大本营正式下达停止"FS"作战命令，其理由如下：（1）经过珊瑚海、中途岛之战，舰载航空部队和岸基航空部队的飞机损耗高达400多架，且迟迟得不到补充；（2）战场变化多端，航空母舰没有岸基航空兵的掩护不敢贸然出动；（3）岸基航空兵只有在基地300海里范围内作战才有效，而"FS"作战计划规定的大部分作战行动都将在远程攻击机的极限范围内展开，所以岸基航空兵指望不上；（4）远距离飞行作战，损失将会非常大；（5）与我方航空兵消耗巨大、战斗力低下的情况相反，敌方兵力补充及时，数量上占有绝对性优势。

鉴于此，日军大本营不得不取消"FS"作战计划，但是在取消"FS"作战计划的同时，制定了另一套作战方案。该作战方案的着眼点转向持久战和完善日军在太平洋战争的防御态势。方案规定日军将从新几内亚岛北部登陆，翻越欧文斯坦利山脉，占领莫尔兹比港。具体方案如下：（1）陆军第十七军团从陆上攻占莫尔兹比，海军舰艇部队及岸基航空部队负责海上运输、护航及空中支援；（2）海军及其岸基航空部队负责在俾斯麦群岛、新几内亚东部和所罗门群岛等地全力巩固并修建一系列岸基航空基地。

日军大本营制订的新作战计划，仅仅笼统地将目标锁定在所罗门群岛地区，没有具体到个别岛屿。为了掩护主要行动的侧翼安全，日军必须在所罗门地区修建一个水上机场，以供轰炸机起降。有了机场，日军就能控制西南太平洋的大片地区，为海军作战提供空中优势，进而控制美军和澳大利亚军队的交通运输线。

新的作战计划出台后，日军打算在所罗门群岛的图拉吉岛建造飞机基地。然而，他们经过认真考察图拉吉岛及其周围地形后，意外地发现，在这个岛的南面有一个大得多的岛屿，该岛屿的北岸更适合建机场，而这个岛屿就是瓜岛。

7月31日，美军南太平洋海军司令特纳指挥由1.6万名海军陆战队员组成登陆舰队，在8艘驱逐舰和1个驱逐舰警戒群及航空母舰舰载机的护航下，从斐济岛出发，攻击目标——瓜岛。支援和护航编队由弗莱彻将军指挥，编队中的航空母舰包括"萨拉托加号""大黄蜂号"和"企业号"。

8月1日，日军情报部门的无线电测向器测出一个电台在新喀里多尼亚的努美阿，另一个在澳大利亚的墨尔本附近。第一个电台是戈姆利的指挥部使用的，而第二个电台则是英军基地或澳大利亚部队使用的。日军情报部门认定，盟军对所罗门群岛或新几内亚将会马上发起攻击。于是，他们立即向特鲁克和拉包尔发出警报，然而日军抱着原来的想法，根本不予理睬。后来，日军情报部门再次发现了更为严重的情况，有大批美军军舰集结，并向拉包尔和瓜岛方向运动。驻守图拉吉岛的日军报务员立即发出电报："大批舰船正在进入海峡，数量、型号不详，意图不明。"

8月6日傍晚，在南太平洋舰队的护送下，美军陆战第一师官兵乘坐23艘运输船急匆匆朝瓜岛驶去。8艘巡洋舰和1个驱逐舰警戒群为登陆部队护航，指挥官是英国海军少将克拉奇利。支援编队分别是"萨拉托加号"航空母舰、"大黄蜂号"航空母舰、"企业号"航空母舰、"北卡罗来纳号"战列舰、5艘重巡洋舰、1艘轻巡洋舰、16艘驱逐舰和3艘油轮组成，指挥官是美海军少将诺伊斯。两支支援编队统一由美国海军中将弗莱彻指挥。美国海军中将戈姆利担任此次作战的全面战略指挥。

海上风平浪静，雨雾蒙蒙，庞大的舰队以12节的航速向北行进。4艘运输舰和4艘驱逐舰开往图拉吉岛，另外15艘运输舰和货船则驶向瓜岛。如此天气，日军的空中侦察机无法观察海面。

"萨拉托加号"航空母舰

8月7日凌晨3时10分，在日军完全没有察觉的情况下，美军运输船队驶近瓜岛的西北方。运输舰上的机械师检查了登陆艇的引擎，水手长检查了辘绳上的吊杆。此时，负责登陆作战的范德格里夫特将军却没有他的部下那么轻松。他神情严肃，站在旗舰"麦考利号"上，手扶栏杆，眺望着蒙蒙夜色。

自太平洋战争以来，盟军中存在着一种恐日情绪，从东南亚侥幸逃出的老兵异口同声说："日军不可击破，特别是日本陆军，差不多每一个士兵都是超人！"范德格里夫特心神难以平复，他离开栏杆，摸黑回到闷热的船舱，怀着一种难以言表的心情写下了战前最后一封家书："明天拂晓，我们将打响一场战争。上帝保佑我们的判断正确……不管发生什么情况，我告诉你，已尽了最大努力，但愿这个最大的努力已经足够了。"

5时10分，美军运输船上的哨兵瞥见远处有个黑影，形状像金字塔，其实是一座小火山岛。舰队向右急转弯，进入埃斯帕恩斯角和萨沃岛之间的海峡。这时，薄雾已经消散，日军仍然没有发现盟国两栖部队的舰只。平静的海面令士兵们毛骨悚然。陆上吹来的微风，对在海上航行了几个星期的人来说，令人心旷神怡，不过此时却充满了丛林和沼泽的恶臭。

范德格里夫特用完早餐，回到甲板上，仍然看不到日军的踪影。气氛令人窒息，登陆部队朝预定登陆地点——图拉吉岛上的"蓝滩"和瓜岛北岸正中的"红滩"前进。此时，日军仍然认为，这是美军的一次袭击战，他们肯定打了就跑。为了慎重起见，驻扎在拉包尔的日军第二十五航空战队司令山田定义派出了两架远程搜索机前去侦察。

6时40分，美军3艘巡洋舰和4艘驱逐舰同时向瓜岛的"红滩"开火，红色的火焰照亮了灰蓝色的海面。两分钟后，在隆隆的炮声中，巡洋舰和驱逐舰开始向图拉吉岛的"蓝滩"发动攻击。

此时，无论"红滩"还是"蓝滩"，美军都没有发现日军的动静。日军显然没有料到盟军的这次进攻，被打了个措手不及。30分钟不到，盟军所有运输舰进入阵地。从3艘航空母舰上起飞的俯冲轰炸机和战斗机出现在天空中，向海滩和轰炸目标扫射。迎接他们的只是稀疏的高射炮火。

美军陆战队在图拉吉岛登陆

"登陆部队上岸！"扩音器里传出命令。

运输舰上，美军海军陆战队的士兵在出口处站好队，穿着绿色粗布军装的陆战队士兵沿着舰身两边的软梯爬下去。在预定登陆点，美军陆战第一师的突击营一拥而上。在图拉吉岛登陆，他们没有发现一名日军，好像岛上无人居住似的。

8时50分，美军陆战第一师师长范德格里夫特发出信号：登陆成功未遇抵抗。

◎ 守岛日军誓死不降

9时50分，美军第一艘登陆艇抵达瓜岛的"红滩"，艇上士兵一个个纵身跳入温暖的海水中。范德格里夫特在旗舰上看到战事顺利，才松了口气，对身边的参谋人员说："我们成功了。上帝保佑，第一师一定遇到了好运气！"

美军最初登陆的部队为陆战第一师第五团的第一和第三营。第一营在右，第三营在左，两个营齐头并进。他们的任务是向内陆推进，建立第一道防线，以阻止日军发动反击。这样就可以掩护后续部队顺利登陆，也可以使物资上岸后有一个处理分配的空间。

7日13时，陆战第一师第一团一营登陆，越过滩头防线向西面内陆纵深推进。接着，第五团第一营在他们的右边沿着海岸线向隆加角方向纵深推进，第五团三营则留下负责滩头阵地的安全。美军士兵砍开丛林，跳进沼泽，渡过激流，在比人还高的茅草中各自为战，艰难地向机场推进。他们一边喊一边骂，只要看到影子就开枪。

7日下午，美军陆战第一师第一团抵达机场。为纪念中途岛海战中战死的陆战队飞行英雄洛夫坦·亨德森中校，美军将这个机场命名为"亨德森机场"。日军根本没有料到美军的这次进攻，只得仓皇撤退，机场周围一片狼藉。美军轰炸时，日军在做早饭，锅还挂在熄灭的柴草上面，未吃完的饭团放在桌上。在逃往腹地前，日军既没有毁坏设施和各种物资，也没有炸毁机场跑道。他们丢下许多步枪、机枪、卡车、压路机、水泥搅拌机、弹药、汽油、柴油和两个雷达示波器，还有大量的大米、茶叶、啤酒和米酒。附近的两座大型发电厂、一座机械修理厂、一座组装鱼雷的精巧的空气压缩机厂和一个制冰厂几乎完好无损。

美军占领亨德森机场

美军刚刚抵达瓜岛机场时，日军第二十五航空战队的51架轰炸机紧急起飞，直扑图拉吉岛和瓜岛。然而，遭到了美军62架舰载机的有力拦截，被击落19架，未取得什么战果。与此同时，离瓜岛最近的日军第八舰队司令三川军一海军中将接到告急电报："瓜岛遭到美军登陆部队攻击，我军现正撤入丛林！"此后，告急电报如同雪片般飞来："敌军锐不可当，我军誓死坚守阵地，愿武运长久。"

瓜岛上的日军只有 250 名海军守备队士兵，另外还有修建飞机场的工兵 2500 多人；图拉吉岛上只有航空兵 400 名和 200 名海军陆战队士兵。激战中，两岛上的日军士兵誓不投降，战死 600 多人，被俘 30 人。工兵队的非战斗员向密林中逃去，另有 70 多人逃到附近小岛上。

8 月 7 日夜，美军陆战第一师登陆成功，大批物资上陆。不久，重炮、山炮、坦克等源源进入阵地，气势雄伟，锐不可当。这是美国海军自 1898 年以来，在太平洋上第一次成功的两栖登陆作战。

盟军占领瓜岛和图拉吉岛的消息很快便传到了东京，而此时陆军部参谋本部作战课的许多人连瓜岛的位置都不知道。美军大举登陆瓜岛，对东京大本营来说犹如晴天霹雳，立即召开会议。

首相东条英机听完有关情况介绍后，情绪激动，当场大骂海军，说他们只顾抢功，占领瓜岛竟不告示陆军，以致陆军没派出驻岛部队，给美军钻了空子。参加会议的海军军令部总长永野修身自知理亏，赶忙赔礼道歉，总算把事态平息下来，会议才得以继续进行。

会议详细分析了美军的行动后，大多数人依旧认为，美军这次登陆行动不是反攻，只是一次小规模的袭扰行动。于是，会议对瓜岛的形势做出如下判断和处置：

1. 从敌人最近的夸口和反攻的势头 (8 月以来，敌机对图拉吉方面的袭击次数急剧增加) 等情况进行分析，一部分人认为，敌人最近有可能在东南方面实施积极反攻。不过，从敌方战备和航空母舰势力来看，这次反攻应该没有超过侦察登陆的范围。

2. 即使敌方登陆是正式的，如果从美军全面反攻态势尚未完备的情况判断，日本陆海军部队夺回两岛并不困难。然而，如果瓜岛机场被敌方使用，日军今后作战将受到严重影响。因此，必须迅速组织力量，全力夺回瓜岛。

首相东条英机

日本天皇裕仁

美军占领瓜岛时，日本天皇裕仁并不在东京。听到美军在瓜岛登陆的消息后，裕仁大吃一惊，决定马上返回东京，追究有关人员的责任。随同人员大为惊慌，马上将此事告诉了海军军令部总长永野修身。永野惶恐不安，开完会后立刻驱车离开东京，前往天皇休息的日光离宫。永野向裕仁天皇报告了大本营对事态的分析及准备采取的对策。听了永野的汇报，裕仁紧张的情绪才渐渐平息下来，打消了立即返回东京的念头。

永野把天皇安抚下来后，立即给联合舰队总司令山本五十六打电话，要求联合舰队必须以夺回瓜岛作为第一个目标，其他的行动暂不考虑。刚刚在中途岛海战中损兵折将的山本自然是怒火中烧，决心与美军决一死战。

当夜，一支由 5 艘中巡洋舰、2 艘轻巡洋舰和 1 艘驱逐舰组成的日本舰队由第八舰队司令三川军一亲自指挥，披星戴月，驶离拉包尔基地，直扑瓜岛。三川的舰队刚一出动，便被美军潜艇发现并报告了上级。而此时，日军舰队距瓜岛还有 500 多海里，但没有引起美军的重视。

◎ 日军杀气腾腾，美军垂头丧气

8月8日，日军第二十五航空战队再次出动41架战机支援瓜岛作战。美军舰载飞机紧急起飞拦截，日机不顾损伤，死命突破美机的拦截，抵达瓜岛海域的盟军舰队上空，并炸沉了"埃里奥特号"运输船，炸伤"贾维斯号"驱逐舰。

日军连续两次空袭却没有收获多少战果，第八舰队司令三川军一预感到事情没有想的那么简单，他决定组织一次规模更大的反击，誓死夺回瓜岛。三川迅速收拢部队，将附近海域的5艘重巡洋舰、2艘轻巡洋舰和1艘驱逐舰全部集结起来。

8月8日8时，澳大利亚侦察机第三次发现了三川的舰队，但飞行员出于无线电沉默的考虑，没有及时报告，下午返回基地后又不以为意，吃过饭后才向上级报告。如此，足足耽误了6个小时，美军哪还有时间派出飞机侦察。更要命的是他还把这支舰队的编成错报为2艘水上飞机、3艘巡洋舰和

3艘驱逐舰。登陆编队司令特纳根据错误情报错误地判断这样的舰队编成是不可能进行海战的，估计是在所罗门群岛某处港湾建立水上飞机基地，来弥补失去的图拉吉岛水上飞机基地。而美军最主要的情报来源密码破译小组一方面由于日军刚开始使用新的密码，需要一段时间来破译，另一方面三川舰队在航行中采取了严格的无线电静默，所以无法提供准确的情报。因此，美军上下全然不知一场海战即将来临。

8日16时，三川命令5艘重巡洋舰各弹射起飞1架舰载侦察机，对瓜岛进行全面侦察，了解美军舰队的兵力部署。当他得知美军在瓜岛海域有多艘航母，掌握着制空权，且兵力占优势后，改变当初的计划，打算实施夜战。三川反复进行侦察，完全掌握了瓜岛美军的情况，他决定从萨沃岛以南进入铁底湾，先消灭美军的巡洋舰，再消灭运输船，最后从萨沃岛以北撤出。

"鸟海号"重巡洋舰

16时40分，日军"鸟海号"重巡洋舰用探照灯向其他舰艇发布命令："从萨沃岛南面出发，用鱼雷攻击停泊在岛前的敌舰主力，之后转向图拉吉岛海区，用火炮和鱼雷攻击其他敌舰。接着从萨沃岛北面撤出。"识别信号是在舰桥两侧悬挂的白布。日军越接近瓜岛，被发现的危险就越大。三川明白，在狭窄的航道里一旦遭遇美军，是没有多少余地避开轰炸机的。天黑后，"鸟海号"重巡洋舰的观察哨突然喊道："右舷前方发现桅杆！"

舰上顿时响起警报，铃声响成一片，水兵们争先恐后地奔向战斗岗位，把炮口转向右舷。原来是一艘正开往前方海域的日军水上飞机补给舰。

8日18时，日舰将甲板上所有易燃物抛进海里，对弹药进行最后检查整备。40分钟后，战斗准备就绪。为了鼓舞士气，三川向部下发出信号："只要充分发挥帝国海军善于夜战的传统，在这次战斗中，我们一定能取得胜利，每个人都要竭尽全力，沉着应战。"

8日18时7分，美军航空母舰起飞的执行轰炸巡逻任务的飞机全部返航。第六十一特混舰队司令弗莱彻将军（7月15日由第十七特混舰队司令转任第六十一特混舰队司令）给南太平洋战区兼舰队司令戈姆利发出一份电报："战斗机数量从99架减少到78架。鉴于该地区敌军鱼雷机和轰炸机数量庞大，我们又缺少燃料，为此我建议立即撤走全部航空母舰。"

弗莱彻发电报时，他的航空母舰特混编队正位于圣科鲁斯岛西北附近，距萨沃岛约120海里。他没有等到戈姆利回电，就向东南撤退，到20时，已远离瓜岛。这样，特纳的登陆输送部队便完全暴露在日军的攻击之下。没有航空母舰支持，特纳不得不在天亮前撤出，他不想在没有舰基飞机保护的情况下再次涉险。得知情况后，特纳马上打电话给陆战第一师师长范德格里夫特及巡洋舰驱逐舰掩护部队司令克拉奇利，命令二人立即赶往停在瓜岛海面的旗舰"麦考利号"，共同商讨解决办法。

克拉奇利早已把他的军舰分成 3 个保护小组，部署在运输舰和货船周围。南线部队的 3 艘巡洋舰和两艘驱逐舰部署在萨沃岛与埃斯帕恩斯角之间，以同样数量舰只组成的北线部队守卫萨沃岛与图拉吉岛之间的航线，2 艘轻巡洋舰和 2 艘驱逐舰把守东面。美国人没有想到日军会在短时间内发动进攻，所以整个保卫舰队并没有制订详细的作战计划。克拉奇利只是下达指示，一旦发生战斗，北线部队独立行动，配合他本人指挥的南线部队。

克拉奇利收到特纳的紧急召唤时，就给"芝加哥号"巡洋舰的舰长发出信号，要他临时担任南线部队指挥，自己则乘旗舰"澳大利亚号"，沿着漆黑的瓜岛海岸向南驶去，寻找"麦考利号"。没有人想到要通知在重巡洋舰"文森斯号"上的北线部队指挥弗雷穆里克·里夫科尔上校。他恰好处于日军进入瓜岛水域的前线。"澳大利亚号"在黑暗中探路前行，花了近两小时才找到"麦考利号"。范德格里夫特乘坐小艇在一大群实行灯火管制的舰只中间，费了好大劲儿才找到"麦考利号"。

"芝加哥号"巡洋舰

8日22时30分，日军以"鸟海号"重巡洋舰为首，排成间距1200米的单纵列，在桅杆上升起白色识别旗，加速至28节，杀气腾腾地闯入瓜岛海域。

8月9日凌晨1时，美军在"麦考利号"巡洋舰上召开瓜岛作战会议。天气异常闷热，乌云密布，闷得令人喘不过气来。登陆运输编队司令特纳少将把弗莱彻将军的电报拿给克拉奇利和范德格里夫特。范德格里夫特与特纳一样，也对弗莱彻非常生气，说他"比原来扬言要撤走的时间提前了12小时，这简直是临阵脱逃！"

特纳宣布："由于航空母舰撤走，两栖作战兵力处于日机直接空袭之下，因此必须撤走所有舰只。"

"瓜岛作战补给物资远远不够，"范德格里夫特毫不退让，咆哮道，"现在又要把未卸完货物的运输舰全部撤走，这简直是疯了！"

双方争执不休，特纳坚持运输舰于次日清晨撤离。

范德格里夫特十分恼火地说："我们像地地道道的傻瓜一样被人出卖了！"

会议不欢而散。

就在范德格里夫特与克拉奇利启程返回时，突然下起了倾盆大雨，几米外便漆黑一片。范德格里夫特下船时，克拉奇利同他握手告别，然后急急忙忙地往回赶。然而，范德格里夫特还没到达舰队，日军就发动了疯狂的攻击。

◎ 夜战，激烈的夜战

日军第八舰队以 26 节的航速猛扑过来。旗舰"鸟海号"一路领先，紧随其后的是 3 艘重巡洋舰和 2 艘轻巡洋舰，各相距 1300 米，最后是 1 艘驱逐舰。各舰都做好了战斗准备，甲板上所有易燃物被抛进了大海，深水炸弹和其他非必需的东西都搬到下边。在日军正前方的黑暗中，克拉奇利的巡洋舰群正在海面进行单调的缓慢巡逻，舰上担任观察的哨兵 24 小时不间断地戒备。

日军"鸟海号"右舷观察哨突然发现一个朦朦胧胧的影子，哨兵马上报告："有船通过，右舷 30 度！"原来这个黑影是美国驱逐舰"布卢号"，该舰与在其东北方向 6 海里外的驱逐舰"拉尔夫号"正在担任警戒。奇怪的是，两艘舰上的声纳和雷达都未显示有一支日本舰队正在向它们扑来。

为了避免被发现，日军第八舰队司令三川下令："左舵，减速至 22 节，准备战斗！"排成一列纵队的日舰悄悄转身，将右舷炮口对准"布卢号"。"布卢号"只是掉转航向，以12节的航速慢吞吞地向"拉尔夫号"驶去。后者也掉了头，两艘警戒舰对开而过，中间给来犯的偷袭者留出了一个绝佳的空档。

日军第八舰队犹如一把尖刀直插美军两线部队的中心。三川担心遇上美军的航空母舰，从截收到的无线电通信中，他知道附近有美军航空母舰出没。然而，令人不可思议的是，日军仍然穿过了所罗门群岛的通道，没有遭到美军航空母舰的阻挡。在倾盆大雨的掩护下，日军第八舰队悄悄地抵近目标。

此时的美军并没有发现异常情况。在南线提供早期预警的驱逐舰"布卢号"，听到"拉尔夫号"的呼叫后，它的雷达发现了一架飞机，以为无关紧要就没有引起重视。另外，也有一些美军舰只发现了来历不明的飞机，但看见飞机上有航行灯，以为是自己人。有的美军舰长虽然看到了飞机，但是没有收到警报，以为特纳已经收到发现飞机的报告。这样，日军侦察机得以在美军舰队上空盘旋了1个半小时之久，而没有引起美军的注意。

9日1时33分，日军第八舰队司令三川军一下达总攻击令。命令立刻被传达到鱼雷发射手那里。随即，三川发出第二道命令："全体舰只同时进攻！"

一串串射程11海里的远程鱼雷携带着1000磅的炸药，以每小时40海里的速度，呼啸着奔向"堪培拉号"和"芝加哥号"巡洋舰。10分钟后，美军"帕特森号"驱逐舰才发现日舰。突如其来的状况，令舰上人员大惊失色，匆匆忙忙用无线电发出警报："注意！注意！不明身份军舰正在进港！"

日军水上飞机在美军运输船上空投下无数颗照明弹。一颗颗挂在降落伞上的照明弹在美军军舰后方爆炸，"芝加哥号"和"堪培拉号"的侧影都清晰地显现出来。日军"鸟海号"距离"堪培拉号"不足4500米，"青叶号"距离5500米，"古鹰号"更近一些。3艘日舰同时开火。

在"堪培拉号"的舰桥上，一个哨兵大声喊叫，说前方出现了一个模糊的黑影。等看清楚了，才知道是一艘来历不明的军舰。舰上的人立即慌乱起来。正在这时，对面的军舰开始发动攻击，两枚鱼雷立刻插入"堪培拉号"的舰首。紧接着，数不清的炮弹呼啸而来，雨点般砸在船舷上，炮塔当即被炸。主炮被打坏，舰身开始倾斜，大火沿着升降口的扶梯蔓延。甲板上的油毡着了火，使火势更猛。舱壁的油漆也着了火，军官起居舱的家具猛烈地燃烧起来，熊熊大火照亮了整个夜空。不到 5 分钟，"堪培拉号"便失去了战斗力。

"堪培拉号"

"帕特森号"用无线电发出警报后，用探照灯发出警报，同时满舵左转。炮手们发射了一排照明弹。舰长瓦克中校喊道："发射鱼雷！"此时，日舰编队已驶向东北方向。"帕特森号"高速做"之"字形运动，与日舰展开炮战。有备而来的日舰弹无虚发，炮弹很快落在"帕特森号"炮位附近，点燃了备用弹药。随后，"帕特森号"就被日军的探照灯照住，连续中弹，不久便失去了战斗力。

在"堪培拉号"巡洋舰右前方担任警戒的美军驱逐舰"巴格利号"，于"帕特森号"发现日舰后的几秒钟内，也发现了敌情。"巴格利号"急剧左转，以便使它的右舷鱼雷发射器能够瞄准目标，因舰身转得太快，鱼雷手还没有装好底火，该舰长亦没有等待，继续向左转了一个圆圈，直到左舷鱼雷发射器能够瞄准目标并进行射击时，却没有雷管。就在这一短暂的时间内，日舰编队已快速向东北方驶去，即使是已经瞄得很准的鱼雷也鞭长莫及了。日舰驶过"巴格利号"时，与它相距不到1海里，但没有向它射击，因为日舰的炮口已瞄向更大的目标。

正当海面发生激战之时，"芝加哥号"巡洋舰舰长、接替去开会的克拉奇利暂任南线部队指挥官的包德上校正在酣然大睡。他睡梦中听到观察哨报告："右舷发现鱼雷航迹！"随即下令："右转舵，立即发射照明弹！"然后，他看见左前方有鱼雷驶来，又命令向左转，力图在鱼雷航道的中间穿过去。

包德刚登上舰桥，一枚鱼雷就打进了舰首，一道水柱升入空中后落到舰上，前甲板立刻涌满了水。包德立即下令发射照明弹，却为时已晚，数枚鱼雷劈波斩浪，扑面而来。"芝加哥号"还没有来得及转舵规避，舰首再次被鱼雷击中，桅杆被一发203毫米炮弹击中。"芝加哥号"连连开炮还击，由于日舰速度太快，只来得及向日军队列最后的"夕风号"驱逐舰发射了25发炮弹，然后就失去了目标，只好向西撤出战斗。

仅仅6分钟，美军南线舰队就失去了还手之力，不再作为一个战斗单位存在了。三川随即率第八舰队全速向北区猛扑。由于"芝加哥号"未将作战情况通报给北区和东区，加上电闪雷鸣掩盖了南区的炮声和火光，北区美军浑然不觉。

1时43分，美军驱逐舰"帕特森号"发出的警报和日军飞机空投的照明弹，已经向北线部队表明有敌情。"昆西号"巡洋舰的水兵也听到头顶上有飞机的轰鸣声，并断定是敌机。没承想被上司一通臭骂，说他患了轻性歇斯底里症，于是他再也不敢说话了。其他舰只即使发现上空的飞机，也一律以为是友机。"文森斯号""昆西号"和"阿斯托利亚号"顺次列成单纵队，"赫尔姆号"与"威尔森号"驱逐舰分别配置在两翼，由西南转向西北航行。

1时45分，"阿斯托利亚号"瞭望台值班的管制官感觉舰体轻微颤动，以为是自己的驱逐舰在投深水炸弹，因为舰长威廉·格林曼上校近来反复指出，要注意防潜。实际上，那是日舰"鸟海号"向美国南线部队发射的鱼雷的爆炸声。就在值班员沉思之际，忽然听到一声喊叫："左后方，照明弹！"这是日军飞机在瓜岛上空放的，云层和海面被照得如同白昼。值班军官急忙下令准备战斗。

与此同时，"文森斯号"巡洋舰舰长利弗科感到舰身在微微震动，并且看到南区有炮火闪光，误以为是友邻在射击日机，没想到是在进行海战，反而下令做好对空战斗准备。日舰接近到8000米，先打开探照灯，随后所有炮火一齐发射。利弗科以为是南区美舰，用报话机要求对方关掉探照灯，停止射击，还命令升起军旗，以表明自己身份，没想到招来的是更加猛烈的炮火。这时，利弗科才明白过来，急忙下令开炮还击，但为时已晚。很快，舰载水上飞机就被击中起火，成为首要袭击目标。日军抓住有利时机，关闭探照灯，借着黑暗朝着火光处猛烈轰击。

◎ 萨沃岛海战

激烈的夜战，打得美军"赫博斯号"胆战心惊，舰长卡罗尔扔下燃烧的军舰和他的官兵，仓皇而逃。由于"威尔森号"驱逐舰吨位太小，日舰没有过多去理会它，才得以保全性命。与此同时，在萨沃岛北部担任早期预警的"拉尔夫号"舰长加纳罕少校做梦都没有想到自己的后方会有日本舰队出现。

1时50分，黑暗中突然射出一缕探照灯光，这是从日舰"鸟海号"上发出的。1分钟不到，第一波次炮弹就落在了"阿斯托利亚号"周围。两分钟后，"阿斯托利亚号"上的6门大炮开始还击。刺耳的警报把舰长格林曼从梦中惊醒，他奔上舰桥，厉声质问："谁下的战斗命令，是谁下令射击的？"

到了这个时候，格林曼还在认为发现的目标是友舰："我们自己在打自己，别激动，别激动，停止射击，马上！"

当格林曼发现"文森斯号"周围水花四溅时，才意识到自己是多么幼稚，感到了事态的严重性，扯着嗓子喊："射击！射击！快！快！不管是不是自己人，一定要给我压制住！"

萨沃岛海战

此时，"鸟海号"向"阿斯托利亚号"已经齐射了4个波次，都没有命中，不过射程已经测定并缩小了。第五次齐射击中了"阿斯托利亚号"的2号炮塔，炮手全部阵亡。甲板起火，灭火水管全部爆裂，成为敌方轰击的目标。

炮弹一发又一发地落到"阿斯托利亚号"上，射程从6000米缩小到5000米。为了主炮便于还击，"阿斯托利亚号"向左稍转，然后全速前进，但是由于通信设备遭到破坏，甲板上人员伤亡，加上烟气窒息，火焰眩目，战斗力大大降低。仅仅数秒，炮台就被击毁，舰载机起火。

2时15分，向西航行的日舰"天龟号"向"拉尔夫号"突然打开探照灯，同时数炮齐射，日舰"古鹰号"和"夕民号"也同时向"拉尔夫号"开火。

可怜的"拉尔夫号"很快就被日舰击中。万分危急之下,"拉尔夫号"舰长加纳罕打开识别灯,用无线电高呼自己的代号,请求紧急支援。加纳罕这一做法果然奏效,日舰害怕遭受报复,不再射击,迅速离开。正在这时,突降暴雨,"拉尔夫号"在大雨的掩护下,歪着倾斜20度的舰体,于当日下午狼狈逃回图拉吉岛。

萨沃岛海战

此时,美军南线部队早已溃不成军,北线部队几乎全军覆灭。日军若乘胜追击,全歼瓜岛的美军运输舰队易如反掌。然而,就在这千载难逢的时刻,令人不解的事情发生了。2时20分,日军第八舰队司令三川军一从旗舰"鸟海号"上发出命令:"全部撤离!""鸟海号"加速至35节,驶到日军两路纵队前头，向西北方向驶去，撤出战场。

后来，联合舰队总司令山本五十六获悉真实情况，非常恼火，连连斥责三川没有抓住有利时机攻击盟军的运输舰。三川有他的想法，他不是不想攻击盟军的运输舰，他考虑的是自己的旗舰也受了伤，而且舰队如此分散，重新组织攻击至少需要一个小时，等到把运输船击沉，天已放亮，回拉包尔的航程很长，白天将受到美军舰载飞机的攻击。另外，舰队携带的鱼雷已经消耗完了，于是他采纳了参谋的建议，没去攻击美军运输舰队。然而，三川不知道，此时美军的航母编队已经离开了瓜岛。日本史学家伊藤正德在他的《日本帝国海军的末日》一书中写道："假如三川在瓜岛全歼盟军运输舰队，就算牺牲了第八舰队也是值得的。"

9日12时25分，美军"阿斯托利亚号"巡洋舰沉没。附近的"昆西号"重巡洋舰因为有人被上司说成是患轻性歇斯底里症，因此该舰后两次听到日军飞机声音时，再没有人报告了。而此时，日舰"青叶号"已从后面接近，突然打开探照灯，把它照得通亮。"昆西号"没来得及掉转炮口，一排炮弹已经飞了过来。停在弹射器上的侦察机被击中，油库跟着中弹起火。"昆西号"顿时变成黑暗中一支巨大的火把。日军的"鸟海号"及"古鹰号"等抓住这个绝佳时机，发动交叉射击。炮弹雨点般打来，不一会儿，这艘庞大的巡洋舰就搁浅了。

一颗颗炮弹在"昆西号"舰桥上爆炸，舰上的官兵几乎全部阵亡，左舷被一枚鱼雷击中，舰身急速向左舷倾倒，蒸汽从烟囱里喷出。"昆西号"舰首开始下沉，舰长穆尔身负重伤，躺在舵前。他挣扎着爬了起来，但支持不住，又呻吟着倒了下去。次日凌晨2时38分，"昆西号"沉入海底。

萨沃岛海战

　　历史上有名的萨沃岛海战最终以日军的完胜拉上战幕。此次海战仅仅 30 分钟，美军就有 4 艘巡洋舰被击沉，成为瓜岛战役中损失的第一批舰艇。另外，美军还有 2 艘巡洋舰、2 艘驱逐舰遭到重创，被打死、淹死或被鲨鱼吞噬的官兵达 1270 人。被击中的盟军舰只起火了，熊熊燃烧的大火持续数日不灭。萨沃岛周围的海面漂浮着厚厚的一层油，到处是军舰残骸。战后，史学家们评论："倘若当时三川全力攻击美军运输补给船队，美军的这次远征将陷入极大的困境，而瓜岛之战的历史甚至整个太平洋战争的历史都有可能重写。"

　　与此同时，东京各大报纸连续三天自吹自擂："瓜岛攻防战大捷，美澳海军一触即溃，全线败退！"东京、大阪、奈良和京都等地举行了彻夜狂欢的提灯晚会。裕仁天皇特地召集内阁成员和三军将领举行御前酒会。酒会破例设在富丽堂皇的赤阪离宫。会上，日本首相东条英机挥舞着拳头，为前线将士呐喊助威："各位，自中途岛出师不利后，皇军重振旗鼓，打造出铜墙铁壁，在所罗门群岛一线与敌人展开决战。经过皇军几天来的浴血奋战，在天照大神的护佑下，昨天在萨沃岛出师大捷，一举荡平敌舰队。这全靠皇军将士的英勇善战和帝国历代军神的得力庇护。看来，大东亚圣战的全面胜利指日可待。我提议，为前线英勇的将士们干杯！祝他们武运长久，再建殊勋！"

第二章

为雪耻，山本再次举兵

山本五十六拟订了一个新的作战计划："用第八舰队来保障陆军增援部队的安全，以联合舰队主力乘机诱出美军的航母编队并消灭之。"为实现这一企图，山本几乎动用了南太平洋的全部兵力。

◎ 美日调兵遣将

　　萨沃岛海战美军的惨败震怒了华盛顿，震惊了美国军界，尤其是海军。有人这样形容这次海战："在一场堂堂正正的战斗中，这大概是美国海军蒙受的最大失败。美国舰队的这一次失败，几乎和珍珠港事件一样悲惨。"

美军太平洋舰队总司令尼米兹

为此，美军太平洋舰队总司令尼米兹组成专门调查组，对事件进行调查。南线部队的指挥官包德上校无地自容，战斗结束后不久便自杀身亡了；北线指挥官里夫科尔罪责难逃，被免职后得了精神病。

对于萨沃岛海战的惨败，美军陆战第一师师长范德格里夫特根本不知道。他虽然听到了炮声，也看到了火光，可是万万想不到美国舰队会败得如此惨烈。海战一结束，范德格里夫特就从亨德森机场来到海滩，眼前是蓝色而平静的海洋，战舰、补给船只毫无影踪。眼前的景象，惊呆了范德格里夫特，他在当天的日记中写道："现在一切只有靠我们自己了，谁也不知道这种情况能持续多久。敌人的增援部队可以源源不断地开来，并可以随心所欲地从陆上、海上和空中向我们发起攻击。"

美军陆战第一师被完全孤立，只能靠自己的力量来坚守瓜岛机场了，而战斗才刚刚开始。范德格里夫特清醒地知道，除了自己，即使是上帝也不可能挽救驻扎在瓜岛上的美军。

8月9日清晨，美军陆战第一师师长范德格里夫特召开紧急会议，并连续发出了几道命令：

1. 海滩上所有补给物资运入岛内隐藏起来，以防日军飞机和舰炮火力的破坏。

2. 在机场四周建立一个防御阵地，修好跑道，以待战斗机前来支援。

3. 鉴于我舰队已经撤离，为防止日军从海上发起进攻，立即筑工事并部署防御力量。

4. 坦克和大炮集结在防区中央，以便对防区周围任何一个既定目标实施粉碎性打击。

5. 在机场西北部署90毫米高射炮阵地，在机场正北部署半履带式75毫米炮兵阵地。如此，一旦需要，即能迅速开赴海滩上的既设阵地。

另外，范德格里夫特还紧急向上级求援，要求增派更多兵力和补给。

8月13日，日军最高统帅部大本营针对美军占领瓜岛的形势制定了《新几内亚、所罗门群岛方面海军作战中央协定》，该协定明确规定，按既定计划迅速攻占莫尔兹比港，与此同时，以第十七军团一部协同海军歼灭瓜岛之敌，夺回岛上的要地与机场。

8月14日，驻扎在拉包尔的日军第十七军团司令百武晴吉中将接到陆军参谋本部的电令，要他"根据大本营的指示，决定你部与海军协同，乘敌在瓜岛立足未稳之际迅速夺回该岛"。

百武接令后，仔细研究了瓜岛形势，认为瓜岛美军最多不超过2000人，6000人足以夺回瓜岛。因忙于其他方向作战，百武兵力不足，他决定先派出不足1000人的一木清直支队做先遣队。

百武晴吉，1888年5月25日生于佐贺县。1909年毕业于日本陆军军官学校，初为步兵军官，后接受密码分析训练。1921年毕业于陆军大学。1924年晋升为少校。1927—1929年任陆军参谋部情报处密码科科长。1931—1932年任侵华日军关东军司令部哈尔滨特种勤务处处长。1935年晋升为上校并任团长。1939年晋升为少将并任陆军通信学校校长。同年又晋升为中将并任第四独立混成旅旅长。1940年任第十八步兵师师长。

百武晴吉

1941—1942 年任军队通信训练总监。1942 年 5 月任驻拉包尔的第十七军团司令。最初受命占领新喀里多尼亚、斐济和萨摩亚等岛屿上的战略要点以及莫尔兹比港，但由于 5 月和 6 月日军作战失利，被迫占据所罗门群岛，实施更为防御性的作战。因受制于补给不足和美军的空中优势，所部在 1942 年 8 月—1943 年 2 月企图夺占瓜岛的徒劳攻势中消耗殆尽。1943 年 2 月，百武晴吉的第十七军团被迫从瓜岛撤退。大本营立即成立安达二十三的第十八军团专门负责所罗门群岛方面的指挥。百武晴吉的十七军团司令部被调回，专门负责新几内亚方向，统归新成立的第八方面军司令今村均大将指挥。百武晴吉认为自己的部队在瓜岛战役中损失极为惨重，他在绝望中告诉今村均："军史上从没有过这样的事例，一个损失了 2 万名士兵的司令官，必须由另一个地区的司令官来把他救出。在我把 1 万名士兵带到安全地带前，我忍受耻辱，苟且偷生地活着。"百武想自杀，被今村阻止了。今村说，总有一天，我们会把十七军团所做的牺牲详细记录下来。1943 年 6 月 30 日，损失严重的第十七军团遭到从新乔治亚群岛的伦多瓦登陆美军的突然袭击。1944 年 3 月对布干维尔岛奥古斯塔皇后湾特洛基纳要地的美军发动残酷反攻受阻。1945 年 2 月，百武晴吉病重，被解除职务，但因盟军海空封锁，他无法被送回日本治疗，只能就地在第十七军团总部所在地布干维尔岛南部的布因择地卧床治疗。百武一直卧床不起，今村看到他生不如死，觉得当初让他自杀也许是一种解脱。1946 年，百武返回日本，1947 年 3 月 10 日因精神错乱而死。

然而，百武晴吉做梦都没有想到的是，驻守瓜岛的美军多达 1.6 万人。一木清直大佐是 1937 年在中国挑起卢沟桥事变的马前卒，他不仅有热带丛林的作战经验，而且残忍成性。对于此次登陆瓜岛夺回机场，他认为轻而易举。

◎ 山本的 "KA" 计划

　　百武晴吉在派出先遣部队的同时，从科罗尔紧急抽调川口清健支队 3500 人，作为进攻瓜岛的第二梯队。川口接到调他到所罗门群岛的命令时，本能地意识到任务的重要性。川口指示各队队长给士兵发 3 个月的军饷，并跟他们说去执行一次非常重要的任务，许多人可能会阵亡。

　　8 月 15 日，川口支队的 3500 名士兵，带着头天晚上的余兴登上了运输舰。在热带阳光的暴晒下，甲板烫得吓人。川口支队鱼贯进入宽敞的船舱，挤在各自的吊床上。运输舰以 16 节的航速沿东南方向的拉包尔行驶了 3 天 3 夜。川口和他的队员们夸口说，他们一点也不害怕美军，只要在夜间进攻就行了。他们的训练手册上写道："西方人夜郎自大，毫无丈夫气概，胆怯懦弱，最不喜欢雨天、雾天或夜间战斗。他们认为在夜间不应战斗，只适合跳舞。他们的这些弱点是我们巨大的有利条件。"

　　同一天，美军一艘驱逐舰连夜冒险驶抵瓜岛，送来了飞机零部件、航空汽油和地勤人员。

8月16日，一木清直率领日军先遣队约1000人分乘6艘驱逐舰从特鲁克起航，前往瓜岛。与此同时，中途岛战役的策划和组织者、日本联合舰队总司令山本五十六一直在寻找机会报仇雪耻。他听说所罗门群岛一线打出了名堂，精神再次亢奋起来，为血洗中途岛之耻，当日便向军令部请战。山本认为，联合舰队进驻瓜岛可以把美军舰队引出来，进行一次海上大决战。为此，山本拟订了一个新的作战计划："用第八舰队来保障陆军增援部队的安全，以联合舰队主力乘机诱出美军的航母编队并消灭之。"为实现这一企图，山本几乎动用了南太平洋的全部兵力。具体分五部分投入作战。

第一部分为先遣部队，辖主力舰1艘，水上飞机航母1艘（"千岁号"），载有水上飞机22架，巡洋舰6艘，驱逐舰8艘，负责侦察敌舰队的动向，并将其引向主力所在方向，当主力与敌交战时积极给予支援掩护。

第二部分为牵制部队，辖轻型航母1艘（"龙骧号"），载有战斗机16架和鱼雷机21架，巡洋舰1艘，驱逐舰2艘，负责设法吸引美军航母的舰载机，为主力部队的攻击创造条件。

第三部分为主力部队，由南云忠一指挥，辖航母2艘（"翔鹤号"和"瑞鹤号"），载有战斗机53架、轰炸机41架、鱼雷机36架，战列舰2艘，巡洋舰4艘，驱逐舰12艘，担负主攻任务，当美军舰载机被牵制部队吸引时，乘机攻击美军航母。

第四部分为对岸射击部队，辖巡洋舰4艘，以舰炮火力轰击瓜岛美军机场和阵地，为增援部队的行动提供火力准备和支援。

第五部分为增援部队，由田中赖三少将指挥，以1艘辅助巡洋舰和4艘旧驱逐舰改装的快速运输舰运送1500人的地面部队，由1艘巡洋舰和8艘驱逐舰护航，负责将地面部队送上瓜岛。

山本乘旗舰"大和号"战列舰，由1艘航空母舰和3艘驱逐舰掩护，在所罗门群岛以北海域实施全面指挥。山本的计划是：以身轻力薄的"龙骧号"轻型航空母舰为"诱饵"，吸引所有的美军舰载机，一旦上当的美机油尽返航时，迅速出动南云航空母舰上的全部飞机，一举击沉美军的航空母舰。预计在全歼美军舰队后，日军舰队再乘胜追击，向瓜岛挺进，以猛虎下山之势，直扑铁底湾，炮击瓜岛机场。同时，遣送登陆部队上岸，彻底消灭美国海军陆战队，攻占瓜岛机场。这就是山本五十六加紧推行其收复瓜岛机场的"KA"作战计划。

山本五十六

山本五十六，1884年4月4日生于日本新潟县长冈市，是高野贞吉的第六个儿子。这一年高野贞吉56岁，所以给儿子取名"高野五十六"。1901年，17岁的高野五十六以第二名的成绩考入江田岛海军学校第三十二期。1904年以第七名毕业后任"日进号"装甲巡洋舰上的少尉见习枪炮官，并参加了1904—1905年的日俄战争。在日俄对马海战中，他负了重伤，左手的食指、中指被炸飞，留下终身残疾。1908年，进入海军炮术学校学习，1914年，以上尉军衔进入海军大学深造，1915年晋升为少佐。1916年，经牧野忠笃子爵介绍，过继到旧长冈藩家老山本家，成为山本带刀的义子，于是"高野五十六"改名为"山本五十六"。同年，山本五十六毕业于日本海军大学校第十四期。1919年，山本五十六奉命到美国哈佛大学学习，同年12月在美国波士顿被晋升为海军中佐。1923年12月晋升大佐。1925年，山本五十六出任日本驻美国大使馆海军武官。1928年，从美国归国，先后在"五十铃号"巡洋舰、"赤城号"航空母舰上担任舰长。1929年晋升为少将，并出任海军航空部技术处长、第一航空队司令官、海军航空本部长、海军次官等职。在自己的权力范围内大力发展航空母舰和舰载飞机，并组织部队进行严格训练，使日本拥有了在当时领先世界的海军飞机，对日本海军航空兵的发展起了重要作用。1934年11月，山本五十六晋升为中将。1939年，山本五十六出任日本联合舰队司令，拥护侵略扩张政策，支持并参与侵华战争；尽管不主张对英、美、荷开战，但坚决执行大本营决策。1940年11月，山本五十六被授予海军大将军衔，他强调先发制人，力主在对美开战之初以舰载航空兵袭击珍珠港，消灭美国太平洋舰队主力，确保日军进攻东南亚的翼侧安全。重视海军航空兵在海战中的作用，但未能完全摆脱"巨舰大炮制胜"理论的束缚，企图在美太平洋舰队得到加强前以海上决战的传统战法将其歼灭。1941年12月8日（夏威夷时间7日），创造了珍珠港偷袭战的奇迹。然而，在中途岛海战和随后的瓜岛海战中，日本联合舰队遭到惨败。1943年4月18日，在视察部队途中，其座机被美机击落而丧生，死后追授为元帅。山本五十六身高只有1.59米，是日本海军中最著名的提督，号称"太平洋之鹫"，他性格十分特殊，一些爱用来自勉或用来赢得尊敬的格言，揭示了他的思想特色："厉害的鹰藏起双爪""逼急了，耗子也要咬猫""不入虎穴，焉得虎子"。作为一个大胆的有独特见解的战略家和赌徒，山本五十六最喜欢玩象棋、扑克或桥牌，他经常要身边的人陪他通宵打扑克，条件是谁先提出不玩就算认输。他的一位部下曾说过："在赌博时，山本总爱冒险，正如他在海军战略中一样，他有一颗赌徒的心。"

◎ 一木轻敌了

8 月 17 日，山本五十六率领庞大的舰队从日本本土出发，赶往所罗门以北海域。途中，山本收到一份前线急电："一木率领的先头部队战斗失利。"

一位参谋诚惶诚恐地提醒山本："司令长官，我认为，美军在瓜岛上的兵力不可低估。在没有确切了解敌情之前，我们千万不能贸然行动！"

"没有问题，我们的后方补给在拉包尔，而不在日本本土。"山本胸有成竹地说。

8 月 18 日夜，日军先遣队在亨德森机场以东约 30 公里处顺利登上瓜岛。和当初美军一样，日军没有遇到一枪一弹的抵抗。一木清直致电拉包尔的第十七军团总部："登陆成功！"

第十七军团司令百武晴吉接到一木清直的电报后，立即电令其集结待命，待川口支队抵达后，再一同夺回机场。然而，一木骄横自负，认为美军不堪一击，不等后续部队到达，只留下 125 人守着滩头，率领 900 多人直扑机场。

由于美军集中兵力防守机场，一路上一木的部队没有遇到任何阻拦。这让一木以为胜利在握，满怀信心地向拉包尔的第十七军团军部报告："根本没有敌人，就像在无人区行军。"登陆后，一木派出一个由34人组成的侦察小分队向西搜索前进。

与此同时，瓜岛上的美军也派出一支侦察小分队向东侦察，两支侦察小分队于8月19日午后遭遇。登陆时的顺利使日军侦察小分队放松了警惕。在遭遇美军伏击时，日军侦察小分队当场被击毙31人，只有3人侥幸逃脱。

美军从缴获的物品中发现，被击毙的日军与岛上残存的日军不同。这些人胡子刮得干干净净，服装也比较新，衣袋和文件里装着地图、密码和日记，上面清楚地说明，日军准备在美军东线进行侧翼进攻。美军部分阵地也在日军地图上标绘出来了。美军侦察兵立即将这些情况向陆战第一师师长范德格里夫特做了汇报。此时，美军上下对日本人的军事心理缺乏了解，只是道听途说日本陆军的战斗力强悍。

范德格里夫特不相信日军自信到如此地步，千把人的兵力就敢向美国海军陆战队两个加强团发动攻击。范德格里夫特百思不得其解：日军可以在这条兵力单薄的防线上，任意选择一个点把相对优势的兵力投进去。但突破之后，美军却可以马上集中更优势的兵力，将他们击退。他们不可能把美军赶下海去，或是守住这个机场，即使他们有能力攻占亨德森机场。

经过反复思考，范德格里夫特断定，日军肯定不是为了袭击机场上的飞机，而是用偷袭的方式占领整个机场。范德格里夫特马上召开作战会议。与会人员一致认为，日军侦察兵将距机场东面不到2公里的特纳鲁河都标了出来，说明他们重点进攻的目标是美军的东线阵地，他们的目的极有可能是机场或击毁机场上的飞机。

范德格里夫特当即决定：第一团连夜进入东线阵地加强工事；史密斯上尉的战斗机中队立即起飞，搜寻日军主力部队可能集结的地区，一旦发现立即实施空中打击；装甲兵营做好充分准备，保持机动随时支援各个阵地。

参加会议的指挥官们迅速回到各自的部队，立即展开各项准备工作。波罗克中校率领的陆战队第一团进入东线阵地后，于20日午夜完成了防御部署。

与此同时，日军的一木清直先遣队正在一片椰林中整顿队伍，做进攻前的最后准备。这片椰树林位于流速缓慢的伊鲁河东岸，离机场大约2公里，美军登陆时错认为是特纳鲁河。它是一条天然防线。一木认为，河对岸必定是美国海军陆战队。在伊鲁河口，一木发现了一条长约45米的沙堤挡住了几乎停滞的绿色河水，形成一座通达对岸的桥梁。借着月光，一木看到东岸的美军阵地上拉着一道长长的铁丝网，但没有看到美军守卫人员，也没有异常动静。

一木清直

一木认为美军没有派人警戒，用奇袭就能达到目的，因而不仅没有带上炮兵，也没有请求海军实行掩护。然而，一木轻敌了，在对岸的密林里，埋伏着的美军已经等待多时。

8月19日，美军的一名潜伏侦察哨发现了日军，不幸的是这名叫乌查的上士被日军捕获，遭到严刑拷打，但他毫不屈服，什么也没说。乌查是澳大利亚海军的海岸监视员，他是美拉尼西亚人。他尽管走路有些一瘸一拐，却是一名非常精明能干的反法西斯战士。乌查曾多次化装成渔民，潜入日军阵地，为盟军提供了大量准确的情报。乌查被日军用刺刀捅了数刀后，竟然顽强地活了下来。晚上，他乘日军不备咬断绳子，带着满身的伤痕以惊人的毅力逃回阵地报告。

8月20日，日军一支侦察小队与美军的一支巡逻队遭遇。美军打死31名日军，还缴获了一张标注好的地图。根据这一地图和乌查的情报，美军陆战第一师师长范德格里夫特发现日军已经了解到美军防线上的薄弱环节，他立即进行了调整，在日军可能的进攻地点架设了带刺的铁丝网，并布置了机枪火力点。

同一日，山本五十六率领舰队驶抵南太平洋海域的拉包尔基地，打算同第十七军团协同夺回瓜岛，并歼灭美军在瓜岛的舰队。山本的作战计划是：以一木支队的残部和山口舰队的主力配合联合舰队，共有各型战舰80余艘，官兵8000多名，突击夺岛，诱歼美舰。

这一天，美国海军陆战队航空兵第二二三中队的19架"野猫"战斗机和二三二中队的12架"无畏"轰炸机从"长岛号"护航航母上起飞，降落在瓜岛机场。

◎ 彻底消灭，一个不留

8 月 21 日凌晨 1 时 30 分，一颗白色信号弹划亮了夜空。无数日本兵突然从树丛中冲了出来。他们个个头缠白布条，端着明晃晃的刺刀冲向沙堤。整个河口几乎被塞满了，冲在最前面的是各中小队队长。军官们光着膀子，高举指挥刀，率先冲过伊鲁河口。

日军的这些举动，被潜伏在对岸的陆战第一团团长波罗克中校看得一清二楚。他命令手下："没有我的命令谁也不许开枪，等敌人靠近了再打！"

等日军两个波靠近沙堤时，波罗克果断下令，配置在阵地上的 37 毫米口径火炮的炮手瞄准沙堤中间，等第一波日军通过后立即炸毁沙堤，切断其退路，同时阻止第二波日军继续通过。

300 名日军敢死队员冲上沙堤，前面的军官见没有遇到抵抗，便大声催促后队加快脚步。后续部队跟着拥出椰林，塞满了整个河口。波罗克见时机已到，一枪打倒了一个挥舞着指挥刀的日本军官，同时大声命令："开火！"

美军阵地上枪声骤然响起，轻重机枪发出的吼叫声犹如狂风在怒号，日军敢死队员应声倒下一片。一木清直见此情形，急忙下令火力掩护。数十挺轻重机枪吐出火舌，子弹如雨点般倾泻到对岸的美军阵地上。

　　面对美军如此猛烈的火力，日军敢死队毫无惧色。他们高喊着："冲啊！冲啊！"这些疯子一样的日本人边冲锋边射击边投弹，"轰轰隆隆"的爆炸声震撼夜空。日军军官踏着倒下的战友的尸体，高举战刀，冲在最前面。几个美国兵看到如此强悍的日军，惊恐地喊着："上帝啊，日本佬难道是铁打的，这样打都不后退！"

　　冲在最前面的日军离美军阵地只有十几米了，波罗克中校大吼一声："投弹！"与此同时，他用力一甩，投出第一颗手榴弹。手榴弹正好落在冲在最前面的十几个日军中间，随着"轰隆"一声巨响，日军倒下一片。美军陆战队员们紧跟着投弹，一颗颗手榴弹接连不断地落在冲上来的人堆里，蹿起一团团爆炸的火光，大批日军敢死队员倒在地上。

　　当第二波日军冲到沙堤中央时，美军的37毫米火炮开始轰击。一颗又一颗炮弹接连爆炸，沙堤上横七竖八地布满了日军血淋淋的尸体。借着炮弹的闪光可以看到，伊鲁河的水由绿变红。冲在前面的日军停顿下来，后面的日军又冲了上去，聚集在一起的日军乱糟糟地挤成一团。

　　波罗克抓住难得的时机集中火力，猛烈扫射阵地前的日军。机枪手用不着瞄准，随意扫射就能打倒几个日本兵。经过轮番冲锋后，日本兵未能前进一步，于是抛下死伤者退去。逃不走的伤兵发出绝望的哀嚎，大骂抛弃自己的官兵。陷入绝望的日本敢死队员拉响身上的手榴弹，饮恨疆场。

　　日军指挥官面对潮水般退却的士兵，毫不犹豫地举起指挥刀劈死了几个，其余溃兵见状掉过头去，再次向美军阵地发起冲击。少数冲进美军阵地散兵坑的日军至死不退，他们用手榴弹炸毁美军的火力点，频频开枪射击周围的美军，这些为数不多的日军士兵大大牵制了美军的火力。日军的后续部队趁机冲上沙堤，发起更加猛烈的冲锋。

一木清直如雕塑般站在沙堤旁，手握望远镜，任子弹从身旁呼啸而过。他感觉从沙堤上正面冲击难度非常大，于是果断命令神源率领他的中队迂回伊鲁河上游渡河，向美军的侧翼发动猛攻。由于伊鲁河上游水流湍急，神源中队在渡河时十几个人葬身河底。

美军发现神源中队向上游运动后，马上派出一支部队阻击这支偷袭的日军分队。美军发现日军开始渡河后，立即在对岸做好准备，只待鱼儿上钩。头顶步枪的神源中队士兵还没有爬上岸，迎面就刮来一阵弹雨。枪声骤然响成一片，许多日军士兵还没来得及开枪就倒在了水中。

"冲，跟我冲！"神源大声嘶吼着，率先向美军阵地冲去。然而，在美军猛烈的火力封锁下，日军士兵根本抬不起头来，只能趴在地上躲避弹雨。

如此一来，日军从伊鲁河上游迂回攻击美军阵地的计划破产了，并且还付出了惨重的代价。一木只好把希望再次寄托在沙堤方向。在冲进散兵坑的日军掩护下，后续梯队冲破沙堤，钻过炸毁的铁丝网，攻占了美军部分阵地。

当一木看到自己的冲锋敢死队从美军阵地上打出"我们已攻占敌人的前沿阵地"的信号时，将预先备下的烈酒拿出来，准备为部下们庆功。

然而，他高兴得太早了。

此时，隐蔽待机的美军37毫米火炮突然猛烈开火。猛烈的炮火震撼着大地，将沙堤从中间切断，日军后续梯队被死死地压制在对岸。前沿阵地上的美军官兵乘机发起反击，与日军激烈争夺着每一寸土地。美日双方展开殊死肉搏，用刺刀、枪托甚至牙齿打击对方。一个黑人士兵拼不过扑上来的日军，毅然引爆了一整箱手榴弹。危急关头，波罗克及时将预备队调了上来，向突入的日军实施猛烈的反冲锋。在美军预备队的猛烈冲击下，日军被迫全线后撤。

拂晓时分，美海军陆战队第一团前沿阵地终于巩固下来了。就在美日双发在伊鲁河一带激烈战斗之际，陆战第一师师长范德格里夫特给在亨德森机场待命的轰炸机编队下达了命令，命其在天亮之时起飞，目标是轰炸激战不退的日军。

天刚亮，美军的"无畏"式轰炸机一架接一架地飞往伊鲁河地区。炸弹铺天盖地落在沙堤上和伊鲁河东岸，大量日军成为弹下之鬼。随即，美军陆战队发起全线反击，士兵们如猛虎下山，冲下河滩。日军再也支持不住了，开始溃退。走投无路的士兵纷纷跳下伊鲁河，很快便成为美军的活靶子，河面上顿时血水泛起，尸体堵塞了河道。

进攻彻底失败了，一木清直只好收集残兵败将，钻入椰林躲避轰炸。战场顿时安静下来，而范德格里夫特并不轻松，他知道，躲藏在对岸的日军绝非等闲之辈，从他们的进攻可以看出，这是一伙亡命之徒。这些日本兵在遭到初次失败后，一定不会甘心的，如果不将其彻底打垮，瓜岛则永无宁日，甚至部队都有可能遭受重大损失。鉴于此，范德格里夫特果断下令：干净、彻底消灭伊鲁河东岸的日军，一个都不漏掉！

◎ 一木自杀，日军陆上进攻完败

范德格里夫特给波罗克调去 5 辆坦克，以加强他从正面进攻日军的突击力量。同时，他还令克雷斯韦尔中校率领一个陆战营从伊鲁河上游约 1.5 公里的地方涉水过河，迂回日军的后面，断其退路。

21 日下午，美军经过充分准备后，对伊鲁河对岸的日军发起全面反攻。此时，雨后初晴，12 架"无畏"式俯冲轰炸机首先向日军阵地实施空中打击。美机毫无顾忌地盘旋俯冲，贴着椰林树梢投掷炸弹。爆炸声浪此起彼伏，滚滚硝烟弥漫在伊鲁河口。美军在轰炸的同时，坦克炮和 37 炮也猛烈开火。炮弹一发接一发地落到日军阵地上，树枝和土块炸得满天飞，日军士兵的断臂残肢不时被掀向空中，场面惨烈程度可见一斑。

一木清直率领他的残兵败将拼死据守。一些日军士兵被猛烈的轰炸吓晕了头，惊慌地跳出战壕向椰林退去。正在指挥抵抗的一木见有士兵逃跑，愤怒地大骂，并拔出手枪击毙了几个逃兵。

此时，克雷斯韦尔中校率领他的陆战营已经迂回到日军身后，并突然发起冲锋。美军如饿虎扑食般从椰林里冲出来，杀声震天，势不可当。波罗克中校指挥 5 辆坦克从正面发起冲击。坦克轰隆隆地冲上沙堤，轧过一堆堆日军尸体，向东岸疾驰而去。美军陆战队员跟在坦克后面，潮水般的发起冲击。

一木清直抱着一挺机枪，两眼通红，大声对神源说："马上组织爆破手挡住坦克，我来对付后面的美军。"

"支队长，撤吧，我来掩护！"神源感到再抵抗下去只能全军覆没，于是劝长官撤退。

"大日本皇军宁死不退！"一木清直怒气冲冲地说。

"来不及了，快撤吧！"

"执行命令，不然我毙了你！"一木清直两眼血红，边喊边端着机枪朝冲过来的美军扫射。

神源看到一辆美军坦克快要冲下沙堤，抓起一颗反坦克手雷就冲了过去。他利用树木做掩护，接近坦克，突然跃起，把手雷塞进坦克履带。

轰隆一声巨响，坦克瘫痪了。后面的美军坦克推开被炸的坦克，继续前进，不过速度明显慢了下来。

受一木和神源的影响，日军官兵士气大增，再次向反击的美军连连射击。美军士兵成排成排地倒下。面对日军的火力突然增强，克雷斯韦尔中校担心部队伤亡过大，命令部队停止冲锋，撤进椰林。与此同时，从正面进攻的波罗克中校也撤回部队，只留下坦克炮击日军阵地。

区区几百个日本兵竟然凭借手中的轻武器顶住了美军的飞机、坦克和大炮的立体进攻。美军陆战第一师师长范德格里夫特不得不佩服日本陆军战斗力。美军进攻受挫后，克雷斯韦尔中校和波罗克中校请求美军飞机再次对日军阵地实施轰炸。海军陆战第一师副师长鲁普尔塔斯准将建议动用预备队，不给日军喘息的机会。范德格里夫特采纳了他们的建议。同时，对波罗克和克雷斯韦尔下达了死命令："务必在黄昏前拿下日军阵地，不要找任何借口延误！"

美军"无畏"式俯冲轰炸机再度出击，轮番对日军阵地进行"地毯"式轰炸，坚守阵地的日军无处躲藏，只得抱着脑袋趴在战壕里挨炸，大部分机枪火力点枪毁人亡。就在这时，一颗炸弹落在一木清直的指挥所旁，几名军官当场阵亡。一木胸前中了一块弹片，顿时昏死过去。

惨烈的战争

克雷斯韦尔中校指挥由陆战队员组成的敢死队，再次发起冲击。美军敢死队冒着弹雨勇猛冲击，用自动步枪扫射负隅顽抗的日军。与此同时，波罗克中校指挥停在沙堤上的 4 辆坦克向前推进，美军士兵跳出战壕，紧随坦克冲过沙堤。

黄昏时分，日军企图向西南方向突围。5 辆美军坦克越过沙堤向椰林方向猛冲，坦克上的 37 毫米榴弹炮发出震耳欲聋的吼声。坦克推倒棕榈树，击毙日本狙击兵，轧死走投无路的日军，此时的坦克履带看上去就像一架"绞肉机"。

神源背着重伤昏迷的一木，指挥两挺轻机枪在前面开道，一路冲杀，向后撤退。美军的坦克和陆战队员紧追不舍。被分割包围的日军绝大多数拒不投降，各自为战，一些绝望的日军官兵自杀身亡。美军的坦克和陆战队员将一木和神源追到海边。面对波涛滚滚的大海，一木和神源退无可退，只好躲在树林后，垂死挣扎。

这时，美军发动了新一轮攻击。神源率部拼死抵抗，才顶住了进攻，但他身边只剩下十个人。美军将残敌团团包围，神源等人围坐在一起，清理着仅有的几颗手榴弹和子弹，等待着最后时刻的来临。一木清直终于醒了过来，听完神源的报告后，知道自己的末日到了。他从神源手中拿过战刀，下令旗手烧掉军旗。旗手用颤抖的手划着火柴，点向破烂不堪的军旗。然而，被大雨浇湿的军旗怎么也点不着。神源把一木准备用来庆功的烈酒浇在军旗上，军旗终于燃烧起来。一木跪立着，向军旗敬礼，其他人默默地看着燃烧的军旗，泪水夺眶而出。

庆功酒成了永别酒。

重伤下的一木再也支撑不住,又躺了下去。他神情冷峻地对神源说:"全军覆没的责任,完全由我自己承担。你一定要想办法冲出去,向川口将军汇报战况,我决定以死向天皇陛下谢罪!"

"要死我先死!"神源绝望悲怆地说。

"不要说了,总得有人把这里的情况带出去啊!"一木沉痛地看着神源说,"神源君,拜托了。"

极度虚弱的一木用战刀支撑着身体站了起来,朝大家深深鞠了一躬,而后跪在地上,将刀尖对准自己的腹部,双手用力插了进去。鲜血顿时顺着刀口涌了出来。这个屠杀中国人的刽子手,没死在中国战场,却自杀于南太平洋一个岛屿的椰林中。

在美军铁桶般的合围下,椰林内的日军尸横遍野。但凡坦克经过的地方,履带把日军尸体轧得血肉模糊,惨不忍睹。神源和一名士兵跳入海中,只留鼻子在水面上呼吸,才得以逃生。天黑后,神源从海里爬出来,沿着海岸失魂落魄地逃了回去。

至此,日军的第一次陆上进攻彻底失败。

◎ 一场大战即将来临

21日夜，日军第十七军团军长百武晴吉得知一木支队全军覆没、一本自杀的消息后，大吃一惊，终于意识到瓜岛美军并非小股部队，遂决定向瓜岛派遣增援部队。

与此同时，日军统帅部大本营获悉了另外一个更加惊人的消息："美军正在把大量岸基飞机调往瓜岛。"这预示着，前线形势的发展远远超过了大本营当初的估计，美军占领瓜岛并非固守战线，而是准备开始大举反攻。鉴于此，日军大本营做出指示："一定要抢在美军瓜岛防务得到巩固之前将其夺回，以此遏制盟军的反攻行动。"

日军大本营紧急修改作战计划，指令联合舰队全力出击，消灭美军舰队，压制瓜岛的美军火力，掩护陆军部队登陆，并于8月底之前坚决夺回瓜岛。

8月22日，美军"长岛号"护航航母再次运来第二批飞机，陆军航空兵第六十七中队的15架"飞蛇"战斗机。

"飞蛇"战斗机

8月23日凌晨，美军第六十一特混舰队抵达瓜岛以东150海里的洋面，形成阻挡日舰进攻的第一道防线。这支特混舰队是由3个特混编队组成：第十一特混编队，由弗莱彻亲自指挥，以"萨拉托加号"航空母舰为主，外加"明尼阿波利斯号""新奥尔良号"巡洋舰和5艘驱逐舰；第十六特混编队，金凯德少将任司令，由"企业号"航空母舰，"波特兰号""阿特兰塔号"巡洋舰和6艘驱逐舰组成；第十八特混编队，由诺伊斯少将指挥，辖"大黄蜂号"航空母舰。

与此同时，弗莱彻的南太平洋舰队到达瓜岛以东海域，随即被日军1艘潜艇发现，这艘日军潜艇立即向联合舰队总司令山本五十六做了汇报。南云忠一获悉这一消息便命令主力部队由航行序列改为战斗序列，加速南下，准备攻击美军。

23日10时，美军一架侦察机发现了日军田中赖三少将指挥的增援部队，他们正以17节的航速开往瓜岛。弗莱彻接到报告后于14时45分派出轰炸机31架、鱼雷机6架前去攻击；18时15分瓜岛的"仙人掌航空队"也起飞了 23 架飞机前去攻击；入夜，美军又派出 5 架水上飞机向目标海域飞去。然而，这 3 批次飞机都没有找到日军的增援部队，只好扔掉炸弹、鱼雷返航。其实，这是日军增援部队司令田中赖三的诡计，他见自己的部队被美军侦察机发现，于是立即下令掉头向西北方向驶去，脱离了美军飞机的作战半径，骗过了美军的攻击。

"仙人掌航空队"

弗莱彻又接到情报说日军的航母还在特鲁克附近活动，他判断近几天不会有大规模的战斗，便下令第十八特混编队返回南方加油，其余两个大队则继续在马莱塔岛以东活动。这一决定使得他在以后的战斗中失去了一支劲旅，显得有些势单力薄。

下午 2 时 45 分，由 31 架轰炸机和 6 架鱼雷机组成的攻击编队呼啸着飞离航空母舰甲板，前往指定海域空袭日军瓜岛增援部队。1 个半小时后，瓜岛上的"仙人掌航空队"也派出23架飞机前往助战，这两支空中力量无疑将给日本瓜岛增援部队以致命的打击。然而，当美机到达指定海域后，却没有发现日军舰队的踪影。搜索了一阵一无所获，美机只得在黄昏时扫兴而归。

23日18时，由近藤信竹中将指挥的日军先遣部队驶抵田中部队以东40海里的海面。为了迷惑美军，这支舰队没有继续南下，而是转向西北，没有被美军发现。于是，围绕瓜岛争夺战的第二次海上大战就这样开始了。此役，美军称为"东所罗门群岛海战"，日军称为"第二次所罗门海战"。

这一天，庞大的日本舰队集结在所罗门群岛东北200海里的洋面，伺机反扑。然而，日军的一举一动没有逃脱美军的监视。早在萨沃岛海战结束后，美军便深切感到，如果不能掌握瓜岛的制海权和制空权，就无法对岛上部队进行补给和增援，那样瓜岛也将得而复失。鉴于萨沃岛海战中损失惨重，美国海军部长诺克斯决定从美国本土及珍珠港等地区抽调舰艇加强南太平洋的兵力。这些舰艇尚未到达，澳大利亚在所罗门群岛各岛屿设立的海岸侦察哨就报告说："日军已在特鲁克海区集结了一支庞大的舰队，其编成为2—4艘航空母舰，2艘战列舰，12艘巡洋舰，20多艘驱逐舰，15艘大型运输舰，160多架岸基轰炸机和战斗机。"

日军联合舰队主力从特鲁克南下，显然极有可能采取重大行动。如果日军的企图如愿以偿，不仅瓜岛上的美军会因丧失补给而陷入坐以待毙的绝境，而且将丧失瓜岛这一重要的攻占所罗门群岛的前哨阵地，从而导致"瞭望台计划"破产。盟军南太平洋地区司令官戈姆利立即指令南太平洋海军司令弗莱彻："务必保护通往所罗门群岛的航线，并筹划迎敌之策。"同时，下令第六十一特混舰队紧急赶往瓜岛水域。应戈姆利请求，美军从珍珠港增调"大黄蜂号"航空母舰，前往瓜岛。

"大黄蜂号"航空母舰前往瓜岛

　　美国海军总司令金得知南太平洋的情况后，万分焦急。他担心弗莱彻的实力太弱，不足以抵抗日军的攻势。于是，他紧急命令刚下水的 3.5 万吨级的"南达科他号"战列舰和"华盛顿号"战列舰及担任护航的巡洋舰、驱逐舰全部出动，取道巴拿马运河，马不停蹄赶赴瓜岛海域。

　　与此同时，驻扎在瓜岛机场上的美军两个战斗机和轰炸机中队奉命二十四小时警戒，严密监视周围日机的动向。瓜岛上空的战云越来越厚，气氛越来越紧张，令人惊恐不安的突然袭击和夜间日军驱逐舰的摧毁性炮击以及日军水上飞机频繁骚扰，这些都预示着一场大海战即将开始。

◎ 航母大对决

　　8月24日，美军"长岛号"护航航母派出13架舰载俯冲轰炸机进驻瓜岛。加上前两次派来的飞机，所有这些飞机组成了瓜岛岸基航空兵。飞行员见机场四周长满了仙人掌，就把自己这支小飞行队称为"仙人掌航空队"。自从"仙人掌航空队"进驻瓜岛后，形势立刻发生了变化，由于美军岸基飞机的巨大威胁，日军只能使用驱逐舰在夜间高速通过相关海域，把部队和物资送上瓜岛，返回时顺路炮击美军的机场。

　　24日凌晨，日军牵制部队的"龙骧号"航母首先转向东南。6时，牵制部队全部转向东南，向美军靠近。3批美机都没有发现日军舰队，因此，美军太平洋舰队情报处认为：日军的航空母舰一定远在特鲁克一带。第六十一特混舰队司令弗莱彻判断："在最近几天内不会发生大的战斗。"随后，他便放心大胆地命令诺伊斯率领的以航空母舰"大黄蜂号"为主的第十八特混编队去南方加油。由于美军第十八特混编队去南方加油，使弗莱彻在临战前的关键时刻少了三分之一兵力。更为可怕的是，大兵压境，而弗莱彻还蒙在鼓里。

24日清晨，美军两个特混编队到达马莱塔岛东南海域，而日军的大多数战术群已经抵达这一海域，双方相距300余海里。通过先前的侦察，美日双方都知道附近有敌人，只是不清楚对方的具体位置。

24日上午，大雾弥漫。日舰队在雾气中时隐时现。到9时，日军舰队的阵位如下：田中赖三的增援部队位于瓜岛以北50海里处；南云忠一指挥的"翔鹤号""瑞鹤号"航空母舰在田中东南40海里的方位做掩护；以"龙骧号"为主的牵制部队在南云部队的右前方。

24日9时35分，日军增援部队到达马莱塔岛以北海域，但被美机发现。瓜岛的美军"仙人掌航空队"立即起飞8架"无畏"俯冲轰炸机进行攻击。日军增援部队中主要的运输船"金龙丸号"被击沉，旗舰"神通号"巡洋舰和另1艘驱逐舰被炸伤。不久，从圣埃斯皮里图岛起飞的美军B-17"空中堡垒"轰炸机赶来助战，将日军"睦月号"驱逐舰击沉。显然，在美军轰炸机眼皮底下向瓜岛进行大规模运输是不现实的。正在此时，山本给增援部队指挥官田中赖三发来急电，命令他立即取消原定行动，即刻返回肖特兰岛。

24日11时，美军"萨拉托加号"航空母舰的雷达发现了一架日军侦察机，距离20海里，立即派出4架战斗机去拦截，并将其击落。与此同时，由岛上起飞的一架水上机于9时50分在位于美军第六十一特混编队的西部方向280海里处，发现了山本精心设计的诱饵"龙骧号"。这是一艘1933年建造的最早的航母，排水量仅8000吨。在此次战斗中，该舰不仅充当"诱饵"，还负责对瓜岛上的亨德森机场进行轰炸。

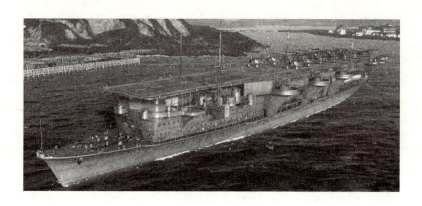

"龙骧号"航母

　　美军同一基地起飞的另一架飞机发现了日军的牵制部队，立即将情况汇报给弗莱彻。弗莱彻不大相信，没采取攻击行动，但他也不敢掉以轻心，立即命令"企业号"航母派出飞机进行侦察。到12时29分，共有23架美军侦察机和轰炸机轰隆隆地飞翔在瓜岛周围宽阔的海面上。

　　24日13时，美军的雷达忽然发现很多空中目标，雷达荧光屏上的闪光表明，距离100海里处，有日机朝瓜岛飞来。不久，便传来了令弗莱彻震惊的消息：大批日本战斗机和轰炸机从云中钻出，正在猛烈空袭瓜岛上的亨德森机场。原来日本舰队就在附近，而不是原先估计的那样远离瓜岛。事不宜迟，弗莱彻决定迅速采取行动。不到15分钟，"萨拉托加号"航空母舰上的30架轰炸机和8架鱼雷机腾空而起，呼啸着直扑"龙骧号"航空母舰。

　　24日14时，一架美军水上飞机报告说，在日军牵制部队东北60海里处发现了该军的航空母舰。接着，由"企业号"起飞的侦察机发来惊人的报告：发现日军一艘航空母舰，方位317度，距离不到200海里。

14 时 30 分，美军"企业号"侦察机再次发现日军主力舰队的两艘航空母舰，方位 340 度，距离 198 海里。10 分钟后，又发来报告说，发现日军 4 艘巡洋舰和几艘驱逐舰。这样的局势显然对美军不利。美军已有 51 架轰炸机、15 架鱼雷机在空中执行侦察、攻击和防潜任务，在两艘航空母舰飞行甲板上只剩下 14 架轰炸机和 12 架鱼雷机。更加严重的是，航空母舰与升空飞机之间的通讯极不通畅，弗莱彻想命令那批攻击"龙骧号"的美机中途转向，攻击日本的那两艘大型航空母舰，但是怎么也联系不上。

此时，"企业号"上的所有飞机都做好了战斗准备，但是没有下达起飞命令，因为目标太远，返航时须在夜间降落。弗莱彻认为，日军侦察机已经发回报告，日军已经知道美军航空母舰的位置，他必须准备日军前来空袭，于是加派了战斗机进行空中巡逻，并增加在甲板上待命的战斗机。

15 时 7 分，日军主力部队南云忠一派出 80 多架战机对美航空母舰进行第一波次打击。美军第十六特混编队在第六十一特混舰队西北 10 海里处，弗莱彻命令"企业号"负责引导战斗机。15 时 15 分，美军"企业号"航空母舰上起飞的两架侦察机发现了日军"翔鹤号"航空母舰，并进行了攻击。

15 时 40 分，"企业号"上另外两架侦察机攻击了日军的先遣部队。同时，从"萨拉托加号"上起飞的 38 架美机神不知鬼不觉地到达"龙骧号"上空。这时，"龙骧号"正转向逆风行驶。美军抓住有利时机，立即展开"围剿"。美军轰炸机从 1200 米高空排山倒海扑来，4 颗炸弹在"龙骧号"甲板上爆炸。一枚鱼雷命中目标，又有 10 颗左右的炸弹在甲板上爆炸。"龙骧号"被大火和浓烟笼罩，舰体很快向右舷倾斜。当天 20 时，"龙骧号"沉没。

16 时 20 分，美舰上的雷达发现了许多空中目标，这是前来进攻美舰的日军机群。弗莱彻急令甲板上待命的飞机起飞。随即，53架"海猫"式战斗机腾空而起，在空中紧急待命。同时，"企业号"上仅有的11架轰炸机和7架鱼雷机也起飞攻击日舰，"萨拉托加号"上的5架鱼雷机和两架轰炸机也起飞，与其合兵一路。至此，弗莱彻已把全部兵力派了出去。

16时25分，西北上空的一个美军战斗机小队报告："发现36架敌轰炸机，高度1.2万米，在它们的上方还有许多飞机。"美军的战斗机引导官竭力想在日军飞机展开和到达航空母舰上空前，把日军飞机击落，但通信网络仍旧阻塞，引导截击的指令发不出，急得他如同热锅上的蚂蚁。

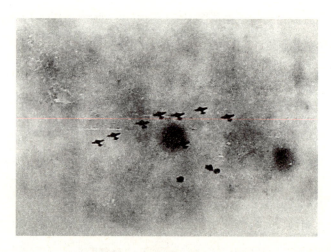

空战

16时29分，日军飞机距美军"企业号"不到250海里，展开成几个小群。由36架日军俯冲轰炸机和12架鱼雷机组成的第一攻击波，在24架战斗机的掩护下，渐渐逼近美军舰队。

升空待命的美军飞机发现日机后立即迎了上去，日美双方机群在浓密的云层中摆开阵势，一场残酷的殊死空战马上就要开始了。攻击"龙骧号"后返航的"无畏"式俯冲轰炸机和"复仇者"式鱼雷机不失时机地赶来参加这场空中恶战。美机勇敢地冲击，打乱了日机队形。然而，仍有几十架日本俯冲轰炸机突破拦截网，直取"企业号"。

"企业号"奋力反击，舰面发射的炮弹在空中纷纷开花。日军飞机不顾伤亡，仍然冒死前冲，最终仍有20多架俯冲轰炸机接连突破美军火力防护网。

16时41分，第一批进入目标的日机进行俯冲，在不到1500米的高度投弹。此时，"企业号"上的一名军官感到大事不好，一时心急用手枪朝着直冲下来的日军轰炸机射击，直到把子弹打光。"企业号"舰长戴维斯海军上校拼命用大舵角急转，规避炸弹。至16时43分，"企业号"航母中弹3颗。第一颗炸弹斜着落向甲板。这是一颗定时穿甲弹，当其穿过第一、二层甲板时并未爆炸，不过在到达第三层甲板水手长舱旁时，发出一声惊天动地的巨响，舱里的人当场死亡。第二颗是装有瞬发雷管的炸弹，命中"企业号"舰尾升降机的右侧，紧靠炸点的人顿时血肉横飞。第三颗炸弹将起飞信号台炸掉，舰上烈焰冲天。紧接着，一颗炸弹落到舰舷旁，掀起了巨大的水柱，溅落的海水几乎一下子扑灭了前一颗炸弹引起的熊熊大火。

这时，"企业号"舰体开始倾斜，舰面大火猛烈，幸而舰上的消防人员干得相当出色，不到一小时，"企业号"火势被扑灭，开始恢复航速。虽然身负重伤，但仍能调转船头，迎风顶浪接应返航的飞机。弗莱彻立即命令1艘巡洋舰和4艘驱逐舰为"企业号"护航，返珍珠港进行修理。

16时55分，美军舰队再次面临危险。日军的18架轰炸机、9架鱼雷机和3架战斗机组成的第二攻击波，逐渐向弗莱彻所在的舰队逼近。然而，当日军飞机飞抵美舰附近正欲投弹时，燃油不够了，只得被迫返航。美军舰队幸运地避免了一次致命打击。

由于从"企业号"上起飞的美机没有找到目标，日军两艘航空母舰安然无事。从"萨拉托加号"上起飞的鱼雷机和轰炸机于战斗开始后发现了近藤率领的先遣部队，但由于缺少攻击力量，只击伤了日军的"千岁号"水上飞机母舰。为避免夜战，弗莱彻立刻率领舰队向南撤退。

当天24时，日本联合舰队总司令山本五十六下令撤出战斗。这次海空战，日军和美军各有损伤，不分胜负。但从战略上来说，这次海空大战粉碎了山本妄图孤注一掷、击溃太平洋舰队、迅速拿下瓜岛机场的战略企图。正如一位日本军官所说："我军夺取瓜岛的计划不可避免地半途而废了。海战的结局进一步使瓜岛之战陷入长期之争的局面，并为我军最终在瓜岛一败涂地的结局埋下了种子。显然，这绝不是一场无足轻重的战斗。"

第三章
一定血战到底

川口手下仅 3650 人，而美国海军陆战第一师足足有 1.6 万人。日美兵力如此悬殊，而川口打算靠武士道精神创造一次战争奇迹……

◎ 东京快车

田中赖三于 8 月 29 日上午返回肖特兰岛时，正好遇见原定指挥对亨德森机场发动第二次进攻的川口清健。川口取道拉包尔刚刚抵达肖特兰。见到田中，他便要求海军尽快把他的 3500 人运上瓜岛。田中知道美军轰炸机的厉害，于是劝说川口改乘驱逐舰。川口非但不答应，反而嘲笑田中："你知道一木支队为什么全军覆灭吗？就是因为他们乘驱逐舰，没能带上足够的装备和粮食。"田中毫不退让，两人争论了一整天，最终不欢而散。

8 月 30 日，川口和田中继续就如何运送部队到瓜岛进行商讨。田中根据自己的亲身经历，一直解释说没有飞机的掩护，乘坐运输船等于去送死。最终，川口还是同意了田中的意见。两人达成统一后，川口把军官们集中在运输舰的餐厅里，告诉他们将换乘驱逐舰登陆瓜岛。联队长冈明之助大佐认为即使改乘驱逐舰也很危险，他说："我觉得乘汽艇更保险，可以秘密地在岛与岛之间迂回行动。"

川口和冈明你一言我一语，就乘坐驱逐舰还是小汽艇展开争论。为了尽快行动，川口最后做出妥协："我率主力部队乘驱逐舰，司令部人员和第一大队则由冈明大佐率领乘汽艇前往。"

川口说完，走到一幅巨大的地图前，开始部署作战任务：川口亲率2400人乘坐驱逐舰在塔伊乌角即一木曾经登陆的地方上岸；冈明率其余1100人在亨德森机场西面16公里处的卡库姆贝纳登陆。一旦登陆成功，从两地出发，川口与冈明率部同时向纵深挺进，迂回亨德森机场后面，发起联合攻击。日军将这种输送登陆部队的方式称为"东京快车"，美军则戏称"老鼠运输"。

第一批登岛日军即将出发。川口站在一个装苹果酒的空箱子上，对部下做了简短的战前动员："诸位，我认为信仰就是力量。英勇作战者从不怀疑能否取得胜利，要航行200海里才到达战场，很可能在途中就遭到敌人的攻击。我们必须有这个心理准备。要知道，大家是受过专门训练的。我向你们发誓，粉碎敌人，挺进瓜岛，夺取瓜岛！"

"我们庄严宣誓，一定血战到底！"一个军官高呼着，举杯祝酒。冈明举杯预祝川口成功，预祝联合进攻成功。

当天午夜，川口支队成员或乘驱逐舰或乘汽艇，向瓜岛进发。8艘驱逐舰成并列队形，以26节的航速朝东南方驶去。船舱里，机声震耳，闷热得令人窒息。阴沉沉的天空，浓云密布，海水不时打到甲板上，队伍渐渐抵近瓜岛。驱逐舰猛烈地颠簸着，在黑暗中全速前进。半海里外，隐隐约约显出了陆地的黑影，这就是瓜岛的塔伊乌角。

汽艇和划艇被放下水面，日军登岛士兵悄无声息地下到小艇上，直扑沙滩。正是黎明时分，成群结队的萤火虫落在士兵们的腿上，把他们的下半身都照亮了。不一会儿，长长的岸上便形成了一条萤光闪闪的长蛇阵，非常壮观。士兵们掩蔽地朝丛林中奔去。突然，一个声音传来："哪个部队的？"紧接着，林中闪出一个黑影。原来是一个穿着残破军装的日军士兵。又有几个影子从丛林中闪了出来，鬼魂似的来到跟前，才知道这些衣着破烂的士兵是一木支队的幸存者。

"见到你们实在是太高兴了。"一个面黄肌瘦的士兵说，"快把你们身上那些鬼虫子抖掉，不然会被敌人的飞机发现。"这个士兵又指着地面，颤抖着说："在沙地上留下脚印等于自杀。"说完，士兵熟练地用棕榈叶把地上的脚印抹掉，他们边扫边退回丛林。川口向驱逐舰敬礼告别，率部进入丛林，后续部队还在源源不断地登陆。

夜，黑漆漆的，伸手不见五指。每个人必须把一只手搭在前边人的肩膀上行进。队伍来到一条小河边，一棵树横跨在河两岸。看不见河水，但从流水声判断，河很深。大家小心翼翼地沿着这棵滑溜溜的树爬过去。过河后，脚好像踩在软绵绵的垫子上。日军官兵就这样深一脚浅一脚地走着。一会儿，巨大的雨点穿过密得像雨伞似的树叶。小路越来越难走，遍地都是荆棘、野藤和盘根错节的树根。走了一会儿，川口停下来，士兵们席地而坐。极度疲乏中，很快有人在大雨中睡着了。正当睡得正香时，又被叫醒，继续摸索着前进。

拂晓时分，川口率领登岛部队终于来到预定集结地点塔伊乌角西面的一个荒无人烟的村庄。在这个村子里，士兵们吃了踏上瓜岛以来的第一顿饭。突然，一阵轰隆隆的声音从远处传来，打断了士兵们的早餐。军官赶紧命令士兵卧倒。

军官的话音未落，十几架美军飞机超低空急速而来，树叶被震得沙沙响。飞机掠过这些隐蔽的日本兵，朝着塔伊乌角而去。原来，从亨德森机场起飞的美机，发现了日军的驱逐舰。1000多名后续登陆的日军官兵被大浪所阻，无法登岸。美军"野猫"式战斗机及俯冲轰炸机沿岸狂轰滥炸，正在登陆的日军大部分被炸死。整个上午，美军飞机不断沿岸搜索，曳光弹一个接着一个打进昏暗的丛林，炸弹随即呼啸而下。爆炸声震撼着大地，不时有日军士兵被炸死。

美军"野猫"式战斗机

当晚，日军登岛部队睡在村里一个废弃的茅屋内。半夜时分，突然传来一阵激烈的枪响，惊醒了所有人。警备部队马上集合，朝沙滩上漫无目的地开枪。黑暗中，隐隐约约可以看见30米开外有一艘登陆艇的轮廓。

川口下令开火。子弹在登陆艇周围跳跃，但对方却没有回击。突然，有人用日语喊道："我的胳膊，我中弹了！"

"停止射击！"沙丘后面一个军官喊道，"是自己人。"

原来是一木支队第二梯队的幸存者，他们是来接应川口的。枪声惊动了美军。几分钟后，丛林便被照明弹照得如同白昼，飞机赶来扫射和轰炸。虽然被美军发现，川口却拒绝撤退到安全地方。按照预定的作战计划，他必须从这里发起攻击，与在亨德森机场另一端的冈明之助联队配合。

此后几天，川口支队一直坚守阵地，焦急地等待着其他部队。美军飞机每天都来轰炸和扫射丛林。在美军飞机的狂轰滥炸之下，整个地区成了一片焦土，到处是弹坑和冒烟的树干。日军士兵不敢生火，只能靠吃水果和生米充饥。

◎ 热带丛林秘密行军

8月31日深夜，美军"萨拉托加号"航母和"北加罗林纳号"战列舰正在既定海区进行巡逻，雷达突然发现水面目标。美军急忙派担任警戒的驱逐舰前往侦察，结果一无所获，舰队继续进行巡逻。

9月1日6时50分，美军"萨拉托加号"结束了黎明时的战斗部署，正准备吃饭，灾难降临了。尾随"萨拉托加号"多日的日本"伊-26号"潜艇悄悄驶近，很快到达这艘巨大的航空母舰的前方，随即上浮，一口气发射了6枚鱼雷。

美军一艘警戒驱逐舰的声纳听到前方很近的地方发出响声，接着前方发现潜望镜。驱逐舰挂起发现潜艇的警报旗，在匆忙中投下了两颗深水炸弹。然而，为时已晚。"萨拉托加号"航母看见警报旗时，高速满舵右转，刚好碰到鱼雷。爆炸引起冲天大火，锅炉舱进水，发电机失灵，航速很快就降了下来。在其他驱逐舰的掩护下，"萨拉托加号"拖着受伤的舰体，缓慢驶离，直到几个月后才重新投入战斗。这样一来，南太平洋舰队的美军就只剩下"黄蜂号"和"大黄蜂号"两艘航空母舰了。

"萨拉托加号"爆炸

9月4日，美军收到日军已经攻占萨沃岛的消息，未经证实就派驱逐舰"利特号"和"格雷戈里号"由图拉吉岛运送一个突击营发动反攻。美军在萨沃岛登陆后，没有发现日军，又乘驱逐舰到瓜岛，上岸时已经天黑了。按照常规，两艘驱逐舰只好采取与海岸平行的航向，往返巡逻，准备天亮后撤离这个地区。碰巧，日军在当天夜里也运送一支小分队在瓜岛登陆，除运输船外，还有3艘驱逐舰，它们的任务是对海岸进行牵制性炮击。日军驱逐舰从美军驱逐舰的外侧驶过，因距离较远，双方没有发现彼此。

凌晨1时，美军"利特号"转向时，突然发现东方有炮弹的闪光，以为是日军潜艇进行骚扰性的炮击，但雷达的荧光屏上显示出四个水面目标，距离仅2海里。美军一架侦察飞机恰好在此时飞临上空，看到闪光，也以为是日军的潜艇在射击。侦察飞机连续投了5颗照明弹，想迫使日军潜艇暴露出来。

日军舰艇借着照明弹的亮光，很快就发现了不远处的美军驱逐舰。日舰打开探照灯，向"利特号"射击。正在黑暗中安详游动的"利特号"驱逐舰猝不及防，连中数弹，舰尾的4英寸炮完全被击毁，失去了反击能力。与此同时，美军"格雷戈里号"被另外一艘日军驱逐舰的探照灯照住。日舰120毫米炮猛烈开火。不久，美军的两艘驱逐舰便燃起冲天大火，时间不长就开始下沉。

夜间，日本海军不顾美军阻截将部分士兵送上瓜岛。9月5日、7日夜，冈明大佐的部队也到达瓜岛。至此，登陆瓜岛的日军达到了8400人。其他部队陆续登陆瓜岛，川口开始行动起来。

9月8日，川口率部抵达科利角附近，开始进攻前的最后准备工作。按照部署，兵分三路向瓜岛机场发起进攻：第一路由川口亲自率领，沿海滩直抵伊鲁河，然后溯流而上3公里，从正面进攻瓜岛机场；第二路由炮兵及一木支队的第二梯队绕到机场后方进攻；第三路由冈明指挥的1100人从机场西面发动进攻。总攻时间定在9月12日晚9时。从理论上来说，川口的作战计划万无一失，然而他低估了热带丛林行军的难度。

黄昏时分，川口率主力部队向海岸进发。他们披荆斩棘，穿过黑漆漆的热带丛林，翻越悬崖峡谷，攀登崎岖不平的山脊。由于是夜间行军，士兵不时被树根绊倒，或掉进深坑。后来，有人发现了一种萤光苔藓，于是后面的人把它抹在前面人的背上，这样就不会有人掉队了。在穿过充满腐烂臭气的沼泽时，有许多看不见的危险，几个小时才走了几百米。另外，饮用河水使不少人患上了痢疾，其中半数以上又染上疟疾，他们只靠少量的干鱼、饼干和糖块维持生命。为了避免引起美军的注意，他们不敢点火做饭。

9月10日，川口终于率部抵达伊鲁河畔。日军开始用大炮轰击亨德森机场，一木支队第二梯队的大部分兵力直奔机场，川口和主力部队则继续南进，从后面包抄机场。川口命令部队就地休整，军医趁着这个时间给患病的士兵打针服药。军官则检查装备，做总攻前的准备。

川口让参谋召集各联队的大、中、小队长开会，他自己则爬上小山，拿着望远镜观察机场的情况。只见机场上悄无声息，几十架飞机整齐地排列在停机坪上，美军哨兵在飞机旁慢慢巡逻。环绕机场的外围防御工事前面，是一片荒凉的草地，草地尽头的树林边缘是一道蜿蜒起伏的山岭。

川口手握望远镜心想："好在高地上没发现美军驻守，我们将在天黑后，跨过那片草地发动进攻。"这个时候，参谋长过来请川口回去开会。

"我们采取突袭的战法拿下机场，"川口注视着一声不响笔挺地站着的军官们，"各位，你们应该知道，美国人的兵力、物资已经大大增强，甚至比我们都强。最重要的是，我们不能低估他们的空军。在抵达敌人阵地前，我们还要克服地形困难。很明显，这是一场前所未有的战斗。因此，你我都不能指望在战斗结束后再见面，为天皇捐躯的时刻到了！"

正在这时，突然有人喊了一声："飞机！"接着又传来一阵"咯咯"的叫声，大家抬头一看，只见一只鹦鹉笨拙地飞走了。川口和军官们都笑了。川口拿出一瓶威士忌酒："各位，出发前，让我们为成功干杯！"

军官们回到各自的部队布置任务，一个小队已开始焚烧重要文件。川口指着油印地图上的美军阵地对一名随军记者说："不管陆军大学是怎么说的，在夜袭中攻下敌军阵地是极其困难的。"随后，他压低嗓子说："在日俄战争中有过几个战例，但那都是小规模战斗。如果在这里，我们打赢了，那将是世界军事史上的奇迹！"

◎ 日本人不怕死，你们就怕死？

　　机场上传来沉闷的爆炸声，一股股浓烟冲天而起。美军几架"野猫"式战斗机直扑苍穹，与前来轰炸的日机周旋在一起，高空不断传来枪炮声。此时，川口手下仅有 3650 人，其中包括他本人亲自指挥的 2000 人和冈明大佐的 450 人，以及炮兵和一木支队第二梯队的 1100 余人。而美国海军陆战第一师足足有 1.6 万人。日美兵力如此悬殊，川口打算靠"武士道"精神创造一次战争奇迹。

　　与此同时，占绝对优势的瓜岛美军加强了警戒和防御措施。陆战第一师师长范德格里夫特和参谋人员仔细研究了亨德森飞机场附近的地形，认为如对整个防线按照要求配备兵力，兵力是不够用的。最后，范德格里夫特决定只对遭受攻击可能性最大的重点地区加强防御。

　　在机场东翼，伊鲁河被确定为重点防御地区，范德格里夫特派陆战第一团三营到那里加强阵地。在机场西翼，范德格里夫特部署了两个营的兵力。

从隆加河到东翼的防线之间有一个空隙,由炮兵和工兵驻守。在机场南面,有一道向南延伸的山岭,从这个山岭上发动攻击可以控制机场。山岭两侧的平地是进攻飞机场的便利通道。平地上布满丛林,部队可以在那里隐蔽。范德格里夫特派梅里特·爱迪生上校去那里占领阵地。右后方由第一营支援,左后方由第一工兵营支援。在开火后,炮兵团将用105毫米榴弹炮营和自动武器营进行直接支援。

9月12日晨,美军陆战第一师师长范德格里夫特视察了瓜岛的亨德森机场。他对作战参谋说:"我们要尽全力保卫这个机场,实在没有办法时,就到山上打游击。"

范德格里夫特虽然拥兵1.6万,但他仍然没有必胜的把握。日军实在太猖狂了,成吨的炮弹和炸弹不分昼夜地倾泻在亨德森机场上,陆军更是杀退一批又上来一批。

12日下午,日军观察哨向川口报告,机场南端的山岭上发现了美军,他们正在抢修阵地。川口叫苦不迭,拂晓时他用望远镜观察过高地,并没看到人影活动。现在美国人可以从那里居高临下地开火,控制通过草地的进攻部队。川口后悔当时没采取措施,抢占山岭,如今只能先拿下高地再夺取机场。他急忙命令通信兵打破无线电沉默,向拉包尔基地发电报,请求航空部队出动战机,轰炸山岭。整整一个下午,从拉包尔起飞的日机不停地轰炸高地,亨德森机场上的美机和高射炮奋起还击,掩护美军抢修阵地。美机击落了4架日军轰炸机,迫使其在黄昏前退去。随后,日军1艘巡洋舰和3艘驱逐舰赶来,对高地进行了疯狂的炮击。范德格里夫特不得不命令炮兵掉转炮口,压制日舰的炮火,以便让岭上的士兵有吃晚饭的时间。

傍晚，川口率领部队开始向机场运动。明月高悬，炮声停歇，士兵们默默地跟在长官身后，钻出丛林。军官身上挂着白十字布条，以便冲锋时跟上。队伍来到草地边，分兵两路包抄山岭。

12 日 20 时 50 分，亨德森机场东面响起隆隆的炮声。日军炮兵部队首先发起佯攻，日驱逐舰跟着恢复炮击。重磅炮弹划破夜空，漫山遍野腾起火光。爱迪生上校按兵不动，命令部下钻进掩体躲避炮弹，自己趴在战壕里，用望远镜观察丛林里的动静。

21 时，日军飞机飞临高地上空，丛林里的日军用小钢炮进行射击。炮弹射向美军阵地的铁丝网，掀起漫天烟尘。爱迪生抖掉身上的尘土，抓起电话急令炮兵团炮轰椰树林，他判断那里是日军大部队的集结地，不过为时已晚。

日军一颗颗挂在降落伞上的照明弹从美军头顶爆炸开来，夜空中烟火弥漫，美军士兵眼花缭乱。1000 多名日军士兵乘机冲出树林，端着明晃晃的刺刀，跟在军官的身后，分几路猛扑高地。日军的吼声响彻云霄，甚至盖过“隆隆”的炮声。

美军的第一排炮弹没打中，炮弹在日军士兵的附近爆炸，像是在给日军助威。爱迪生对着话筒狂喊，提醒炮兵校正目标。美军第二排炮弹打得很准，炮弹落在日军的冲锋队形里，爆炸的气浪把日本兵推得四分五裂。然而，这些被武士道精神武装了头脑的日本兵根本不理会身边倒下的战友，穿过被炮火炸开的铁丝网，急速向山岭冲锋。

美军士兵登陆

美军哈里·托格森上尉防守着机场左翼高地，在他的侧翼是贾斯汀·杜里埃上尉的部队。日军炮火切断了两个连队之间的联系，托格森火冒三丈。日军敢死队已经冲进他们之间的空当，从侧翼迂回攻击。黑暗中，只听得日军有节奏的枪托碰撞声和吼叫声："美国佬，你们的死期到了！"

托格森抱起一挺机枪，大骂着向日军敢死队冲去："来吧，狗娘养的，看谁先进坟墓！"一个排长拖不住他，只好率领部下跟着托格森冲击。他们虽然打退了日军敢死队的冲锋，但正面冲锋的日军还是冲上了阵地。双方展开激烈的白刃战。

托格森未能及时回师，左翼阵地动摇了，美军士兵爬出战壕向后退却。杜里埃上尉见日军突破左翼阵地，自己有被包抄的危险，连忙施放烟雾，且战且退。一名美军士兵在爆炸的火光中看到滚滚而来的烟雾，以为是日军放的毒气，大喊大叫着躲避。这一喊不要紧，正在撤退的士兵立即混乱起来，挤成一团，乱哄哄地拥向威廉·麦肯农少校防守的第二道防线。

麦肯农拔出手枪连连向天空开枪，强行制止住惊慌失措的败退的士兵。他的做法起了作用，大家掉转枪口，用猛烈的火力顶住了追来的日本兵。麦肯农毫不迟疑地整编了队伍，下级军官代理战死长官的职务，义无反顾地发起反冲锋。一番猛攻后，美军夺回了失去的阵地。麦肯农派出一个排，支援左翼的托格森。

左翼阵地上的托格森大发雷霆，他截住溃退下来的手下，连踢带打："狗娘养的，丢了阵地要你们脑袋，都给我滚回去！"

"长官……日本人不怕死……"一个班长面如土色地哀号道。

"狗娘养的，日本人不怕死，你们就怕死？"托格森一个巴掌打过去，并用手枪顶住他的后背，"带着你的兵，给我冲！"

◎ 踏着战友尸体猛冲

在托格森的虎威下，连队重新集结起来。士兵们跟着愤怒的长官，开始反冲锋。他们不再胆怯，果断地投出一颗颗手榴弹，冒着爆炸的浓烟冲上阵地，一阵扫射赶跑了立足未稳的日本兵。然而，日军很快就发起了第二次冲锋，如雨点般的子弹压得托格森根本抬不起头来。眼看日军又要冲上阵地，幸好麦肯农少校支援的那个排及时赶到，将冲在前面的日军一排排打倒。

在美军交叉火力的猛击下，日军终于顶不住了，抛下伤兵再次溃退。美军的左翼阵地夺回来了，右翼阵地却情况不妙。右翼阵地上炮火连天，杀声震耳。照明弹一颗接着一颗地闪耀在阵地上空，滚滚浓烟中夹杂着机枪和步枪吐出的火舌。第五团团长爱迪生上校放心不下，抓起电话和右翼指挥官联系，话筒里传来了蹩脚的英语："上校，我们守得住……请您不要管了。"耳边响起一阵爆炸声，电话里没有声音。显然，这是一个日本人在通话，企图迷惑他。爱迪生知道，日军攻占了右翼阵地，他急忙派出一名下士，通知残余部队撤往主阵地，伺机反攻。

右翼的残兵退了回来，爱迪生一面命令炮兵团轰击日军占领的右翼阵地，一面着手组织敢死队。日军根本不给他喘息的时间，向主阵地发起冲锋。爱迪生抓起话筒向炮兵狂喊："近一点，近一点再打，敌人已接近主阵地！"爱迪生打算进一步收缩战线，他下令撤到离亨德森机场不到1公里的高地北端。虽然他的防线缩短了，但受崎岖地形的限制，防线还是非常薄弱，与其他友邻部队连不成一体。

战争场面

日军不顾伤亡，像疯子一样踏着战友的尸体向前猛冲，速度虽然减慢，却没有因机枪的扫射和手榴弹、迫击炮弹的爆炸而停下脚步。在高地另一侧，冲在最前面的是由黑生少佐率领的一个中队的残部。他们发现了一堆美国海军陆战队丢下的火腿、熏肠和牛肉，暂时停止了进攻，狼吞虎咽地大吃了一顿。黑生点起一支美国香烟，猛吸了几口，下令向前方的高炮阵地前进。

"不会让你们中的任何人冲在我前面！"黑生把钢盔往身后一推，高举指挥刀，喊道，"冲啊！"

冲在前面的日军被压制在一个山坳里，难以前进。日军立即释放烟幕，进行掩护。他们一边射击一边用蹩脚的英语高喊："毒气进攻，毒气进攻！"

日军士兵密密麻麻地涌进美军战壕，美军阵地摇摇欲坠。日美双方展开肉搏，用刺刀、枪托厮杀扭打，山岭上尸横遍野。

黑生一路领先，抡起战刀砍开铁丝网，拼命向前冲杀。几个士兵跟随他冲进炮兵阵地，美军炮兵赶忙放下大炮，拿起步枪匆忙还击。一颗子弹划破黑生的脸颊，鲜血顺着脖子流下来。他胡乱抹了一把，挥着战刀声嘶力竭地大喊："冲啊，给我抢大炮！"

黑生跟跟跄跄地冲近一门大炮，砍死了两个顽强抵抗的炮手。突然，一排子弹打来，黑生身边的士兵全倒了下去。他扔掉战刀，掉转炮口平射美军，炮膛里却没有炮弹。他抱起一颗炮弹装进炮膛，一个炮手飞身扑来，抱住黑生翻滚扭打。黑生压在炮手身上，死死地掐住炮手的脖子。美军炮手用尽最后一丝气力，拉响了一颗手榴弹，两人同归于尽。

这个时候，一个日本军官带着十几个随从，高呼着"万岁"向美军指挥部冲来。爱迪生拔出手枪还击，指挥参谋人员投入战斗。在烟雾和混战中，爱迪生无法和部下联系，命令部队各自为战，坚守阵地，不得后退。

美军炮手打退日军后，迅速压下炮口进行平射。炮弹在涌上来的日军人群中爆炸，一片鬼哭狼嚎。那些没被打倒的日军，踩着战友的尸体冲进战壕。美军一大半阵地仍旧失守了。

美军陆战第一师师长范德格里夫特清清楚楚地看到这一切。第一师第五团正在全线后退，一旦他们顶不住，整个防线就崩溃。情况万分危急，他命令师预备队紧急出动，同时命令机场上的重炮掉转炮口，集中火力支援高地。冲在队列前面的日军为包抄高地正在组织冲锋队形，炮火劈头盖脸倾泻下来，在密集的队伍中开花。日本兵成群成群地倒下，血流成河。爱迪生上校见形势有利，抓住时机指挥部队发起反击。受到三面夹击的日军终于支持不住，全线溃退。

9月13日凌晨2时，美军陆战第一师第五团团长爱迪生兴奋地向师长范德格里夫特报告："感谢炮兵的大力支援，已收复全部阵地，敌人休想在我们的枪口下前进一步。将军放心，保证守住阵地！"

在爱迪生的阵地上，横七竖八地躺着日军的尸体。美军伤亡也很惨重。双方激烈争夺的高地上茂密的丛林面目全非，只剩下几株光秃秃的树干，地上血流成河，令人作呕的血腥气四处弥漫。此役之后，日美双方称这道山岭为"血岭"。

美军士兵欢呼雀跃，相互拥抱在一起，流着眼泪庆贺彼此还活着。爱迪生心里非常清楚，真正的考验还在后面，日本人怕飞机轰炸，躲进丛林休整部队，黄昏后将卷土重来。他叮嘱部下这个时候庆祝为时尚早，抓紧时间休息，抢修工事，恶仗刚刚开始。

◎ 川口决心孤注一掷

在川口的主力部队发起进攻的同一天晚上，冈明之助大佐率领 450 人在机场的西面发起进攻。美军亨特上校率一个营守卫着西线阵地，日舰的炮火延伸射击后，他钻出掩体，趴在战壕里拿起望远镜观察阵地前沿。炮弹掠过头顶，在身后不停地爆炸，前沿却没有一丝动静。按照惯例，炮火延伸射击后，日军该端起刺刀发起冲锋了。亨特觉得奇怪，拿起电话要求炮兵打几发照明弹，试探一下日军的虚实。

照明弹升上天空，前沿阵地跟白昼一般。闪光中，一个士兵突然惊恐地喊道："日本人……摸上来啦！"说完就倒下了。

亨特恶狠狠地下令："开火，开火，给我狠狠地打！"他拉开一个被炸死的机枪手，抱起机枪朝冲上来的日军打出一梭子弹，阵地上的轻重机枪同时吼叫起来。美军开始奋起反击，向日军投出手榴弹，爆炸声此起彼伏，响彻夜空。

亨特看到面前的日军兵力单薄，并没有构成多大威胁，便命令炮兵射击日军的后续部队，切断其退路，自己率预备队加入战斗。冲进战壕的日军寡不敌众，迅速被占有优势的美军全部消灭。冈明的后续部队被美军炮火压在阵地前沿，死伤惨重。冈明虽然知道大势已去，却坚持不撤退。

亨特下令发起反冲锋，两个连的士兵如下山的猛虎，杀得日军东倒西歪。冈明决心拼死一战，以身殉职，几个部下硬把他拖了下去。

13日拂晓时分，日军扔下200多具尸体，向丛林深处溃逃。日军炮兵和一木支队二梯队的任务是牵制美军机动预备队，使其不能增援南线。日军指挥官看错了时间，一直用大炮轰击美军阵地，没有按时发起冲锋。防守东线阵地的美军第五团第三营因为摸不清日军的虚实，同样没有做任何动作。

日军指挥官很快就醒悟了，知道贻误了战机，决心以死谢罪，竟然上起刺刀，准备发动自杀式冲锋。大白天明目张胆地发起冲锋，对此美军士兵深感不解。

日军一木支队第二梯队的士兵开始悲壮地进行"人海战术"，大踏步冲进阵地前沿的开阔地。如此一来，这些日本兵便成了美军轰炸机的活靶子，十几架"无畏"式俯冲轰炸机立即进行大肆轰炸。日军像在操场上操练似的，排着整齐的队形呐喊着冲锋，对身边落下的炸弹视而不见，充耳不闻。他们穿过硝烟和尘土，越过累累的弹坑，视死如归，漫山遍野尽是闪闪发亮的钢盔和刺刀。前边的军官和旗手倒下了，后面的士兵接过旗帜依然冲锋，用血肉之躯抵抗炽热锋利的弹片。

见此情形，严阵以待的美军官兵目瞪口呆。阵地上炮火连天，成吨的炸弹和炮弹倾泻到冲锋的日军队列里。一片又一片日军士兵倒下，美军士兵不敢再看下去，抱着脑袋呻吟："上帝啊，这都是什么人啊，太恐怖了！

太恐怖了！"

日军近千人有来无回，惨死沙场，直至最后一名士兵倒下，手里还举着被炮火撕成破布条的太阳旗。战斗结束后，美军在打扫战场时，眼前的景象再次惊呆了他们。一些日军小队战死时还保持着整齐的队形：军官挂着指挥刀跪在前面，士兵们举着刺刀紧随其后，大张着嘴巴，仿佛一群大喊着冲锋的塑像。存活下来的日军士兵不愿当俘虏，一个个拉响身上的手榴弹，那些不能动弹的伤员则请求美军士兵给他们补上一刀。

13 日下午，川口得知其他两路进攻失败的消息后，良久不语。他终于明白，拿下高地比登天还难。尽管败局已定，川口觉得不能就这样撤退，他决心再发动一次进攻。与其让美军察觉到日军兵力不足，派出部队包抄合围，不如主动出击，拼死一战。川口决心孤注一掷，将支队指挥部人员全部投入进攻。

机枪扫射

黄昏时分，日军巡洋舰和驱逐舰再次炮击美军阵地，滚滚烟雾吞没了血红的夕阳。爱迪生一直观察着丛林，感到胜券在握，于是请求师长范德格里夫特派出一支突击部队，从侧翼包抄进攻失利的日军，自己率部再从高地发起反冲锋，日军必定插翅难逃。师部回答他说，如果高地上的伤亡不大，明天拂晓部队将全线出击。

夜幕低垂，川口率领重新纠集的 800 余名官兵钻出丛林，悄悄地向高地迂回接近。美军炮火异常凶猛，炮弹雨点般飞来。匍匐前进的日军士兵不再上起刺刀做没有意义的冲锋，而是乘着炮火间隙打冷枪，引诱美军暴露机枪火力点，然后扔出手榴弹，借着爆炸腾起的烟尘冲进战壕。

此时，美军的大炮不敢轻易开火，因此难以发挥应有的威力。小股日军不断从局部突破阵地，摸到后方迂回攻击。爱迪生命令托格森主动撤回第二道防线，请求机场上的重炮猛轰他撤出的阵地。高地上炮火连天，浓烟滚滚，光秃秃的树木被弹火点燃，照亮了黑暗的山野。日军拼死猛攻美军的第二道防线。川口的警备中队已经冲到美军迫击炮阵地前。美军炮手压低炮口，面对面射击日军，迫使其成堆成堆地滚下山岭。

◎ "黄蜂号"航母葬身海底

9月14日拂晓时分，美军托格森连队仅剩60余人，其他连队均伤亡过半，第二道防线一触即溃。爱迪生上校一度想动用预备队，但理智告诉他，最后的胜利取决于再坚持一下的努力。果不其然，他顶住日军的最后一次敢死冲锋后，日军再也无力组织起强有力的进攻，只是架起机枪断断续续扫射，虚张声势。

这时，美军"仙人掌航空队"赶来参战，轻而易举地便消灭了残存日军的火力点。爱迪生见时机已到，果断命令预备队发起反冲锋。筋疲力尽的日军残余部队只得放弃攻占的阵地，连滚带爬地溃退下去。

美军陆战第一师师长范德格里夫特抓住时机调来预备队，从侧翼进击，包抄日军残部。川口四面受敌，尽管他吼叫着不准撤退，还是身不由己地被溃兵卷走了。至此，日军全线土崩瓦解，狼狈不堪地躲进丛林。

日军原定在这一天欢庆他们在瓜岛的胜利，结果恰恰相反，被打得狼狈不堪，处于崩溃边缘。再打下去，无异于飞蛾投火，川口只好收拾残余人马，被迫后撤。在"血岭"的山坡上，军装褴褛的川口面对死伤无数的战场，含着眼泪说："作为一名败军之将，有何颜面再见家乡父老，本该向天皇陛下谢罪，剖腹自杀，但我有责任把你们带回去，向百武将军汇报战况……让我们为阵亡的官兵祈祷吧！"

几天后，川口带着残余部队撤退到海边的塔辛姆波科村。很多士兵刚刚坐下来，便一头栽倒在地不省人事。川口也发起高烧，一连几天卧床不起，强撑着身体，电告第十七军团司令部："守卫机场的美海军陆战队兵力比我部强大，第二次进攻失败，估计敌军至少有1万人，请求速派大部队增援，再行决战。"

美军太平洋舰队总司令尼米兹在得知再次打退日军的疯狂进攻后，当即给陆战第一师师长范德格里夫特发来嘉奖电："今收悉你部在岛上的战斗捷报，我们感到欢欣鼓舞，谨向前线的陆战队员及陆军部队表示衷心的感谢！"

9月14日，应美国海军陆战第一师师长范德格里夫特的一再请求，美军南太平洋舰队最终决定组成战斗编队，护送3艘运输舰向瓜岛运送兵力和物资。为保证这次运输安全，美军精心制订了计划。舰队司令部特意挑选了一条避开日军舰队的航线，同时对兵力进行精心编组，将负责护航的航空母舰"黄蜂号"和"大黄蜂号"分成两队：一队由航空母舰"黄蜂号"和4艘巡洋舰、6艘驱逐舰组成一支特混编队；另一队由航空母舰"大黄蜂号"、战列舰"北卡罗来纳号"和3艘巡洋舰、7艘驱逐舰组成的特混编队。两个混编队在运输舰队100海里处航进，还不断派出侦察机进行空中巡逻。得知美军准备增援瓜岛的消息后，日本联合舰队总司令山本五十六立即命令南云忠一的机动舰队和潜艇舰队封锁美军的海上运输线，准备对美军舰队实施毁灭性的打击。

14日下午，美军舰队出发不久，两架侦察机就发现了南云的机动舰队。美军航空母舰编队指挥官诺伊斯将军闻讯，迅速派出大批轰炸机前往指定海域。然而，狡猾的南云早已撤到美机的战斗活动半径之外。

9月15日上午，1架日军侦察机发现了美军运输舰队，久久地盘旋在上空不走。接到侦察机通报的日军潜艇"伊–15号"和"伊–19号"火速驶往指定海域，准备截击美军运输舰队，却在无意中碰上了美军航空母舰编队。当"伊–19号"潜艇瞭望哨向艇长报告说发现大型航空母舰2艘、战列舰1艘、巡洋舰和驱逐舰数艘时，全艇上下一片欢呼。"伊–15号"和"伊–19号"两艘潜艇迅速下潜，悄悄驶向游弋的美军航空母舰。

美军战舰

14时20分，烈日当空。美军"黄蜂号"甲板上的水兵大汗淋漓，忙着接收巡逻归来的战斗机。悄悄摸近的日军潜艇兵分两路，"伊-19号"盯住"黄蜂号"，"伊-15号"直奔5海里外的"大黄蜂号"。"伊-19号"进入发射鱼雷的位置，升起潜望镜，鱼雷手请求发射鱼雷，艇长说再靠近一点，等"伊-15号"接近"大黄蜂号"时，再一同发起攻击。

14时30分，美军"黄蜂号"航空母舰收完飞机，向右转向回到主航道，降低航速，以便让其他战斗机起飞。此时，日军"伊-19号"潜艇已经摸到跟前，双方相距1200米时，鱼雷手全神贯注地瞄准目标。此时的美军"黄蜂号"却浑然不知，整个右舷完全暴露给偷偷靠近的日军潜艇。日军4枚鱼雷以每8秒1枚的间隔，准确、笔直地射向"黄蜂号"。

"黄蜂号"舰上的瞭望哨最先发现了情况，他们看到蹿出水面的鱼雷后，慌忙拉响反潜警报，舰长福雷斯特·谢尔曼即令向右转舵。为时已晚，"黄蜂号"刚躲过1枚鱼雷，整个舰身一震，其他3枚鱼雷同时击中右舷。随即，舰上响起一阵惊天动地的爆炸声，舰身很快大幅度倾斜。消防队员还没有来得及扑灭舰面上的大火，停泊在甲板上的轰炸机翅膀下的重磅炸弹就被引爆了。一连串的爆炸又引爆了弹药舱，"黄蜂号"上的飞机和设备飞上半空，顿时化为碎片。

15时20分，美军"黄蜂号"航母无力自救，舰长谢尔曼只得降下国旗弃舰。水兵们翻过舰舷栏杆跳进大海，驱逐舰靠拢过来实施救援，打捞落水人员。"黄蜂号"在美军官兵们无比痛心的眼神里，燃烧成一座火山，不一会儿就葬身海底。

就在"伊-19号"潜艇发射鱼雷攻击"黄蜂号"的时候，"伊-15号"

潜艇偷偷钻进了"大黄蜂号"的护航舰群中。正当"伊-15号"潜艇准备发射鱼雷时，美军1艘驱逐舰的声纳捕捉到了它的信号，随即拉响反潜警报。驱逐舰"奥布赖恩号"全速冲来，同时投下深水炸弹。"伊-15号"在慌忙中射出全部鱼雷。

美军"大黄蜂号"死里逃生，但是英勇截击"伊-15号"潜艇的"奥布赖恩号"却被一枚鱼雷击中，在一阵爆炸声中很快肢解。

与此同时，美军"北卡罗来纳号"战列舰舰长也听到了反潜警报，直奔舰桥，命令战列舰做"之"字形前进，以躲避可能袭来的鱼雷。孰料一枚越过航空母舰的鱼雷，正好碰到"北卡罗来纳号"的船舷，在吃水线下炸开一个大窟窿。大量海水涌进舱内，"北卡罗来纳号"舰身顿时倾斜，航速明显下降，水兵们奋力排水，堵塞漏洞，才逐渐恢复平衡。

至此，美军南太平洋舰队就只剩下"大黄蜂号"1艘航空母舰了。航空母舰受损给美军向瓜岛增兵带来严重困难。好在以后两天天公作美，海面乌云翻滚，大雨如注，日美双方战机不能起飞，美军运输舰队才安然驶抵瓜岛，给驻岛的美军送来4000名海军陆战队及部分武器装备、给养和燃料。

第四章

海战全面升级

日本统帅部大本营决定停止新几内亚方向的作战行动，将作战重点转到瓜岛方向，同时决定：向瓜岛增援陆军兵力，发挥陆海军的综合力量，一举夺回瓜岛机场。

◎ 山本撑腰，瓜岛志在必得

日军舰队屡次重创美军舰队，这让美军太平洋舰队总司令尼米兹寝食难安。他要求南太平洋战区司令戈姆利做出解释。戈姆利对此感到痛心疾首，他认为在几天内损失两艘航空母舰是不应该的，编队司令诺伊斯应负全部责任。戈姆利决定给尼米兹呈上一份战报："黄蜂号"从 9 月 12 日 5 时至 15 日 14 时，一直逗留在南北向 140 海里、东西向 170 海里的区域内，横过先前的航线 12 次。在这样较小的海区逗留 3 天以上，使敌潜艇能够占领有利位置发动攻击。显然，航空母舰不应该在日潜艇活动的海区内逗留，除非需要执行任务必须冒风险。

很明显，戈姆利想把责任推给诺伊斯。诺伊斯知道后，非常生气，随即给尼米兹写了一份申诉报告："从航线图上不难看出，该海区东西向延伸 300 海里，而不是 170 海里，且遭受攻击的地点距最近的横过旧航线的地点在 150 海里以上。以前从未进入或者接近遭受攻击的地点。"

看到戈姆利和诺伊斯的互相推卸责任，尼米兹非常恼火，派专人进行了调查。然而，大敌当前，不是追究责任的时候。为了保持部队高昂的士气，尼米兹决定暂不追究任何个人的责任。

为了尽快结束瓜岛作战，日军统帅部大本营于9月17日从关东军、南方军和国内抽调兵力加强第十七军团。

9月18日，日本统帅部大本营决定停止新几内亚方向的作战行动，将作战重点转到瓜岛方向，同时决定：向瓜岛增援陆军兵力，发挥陆海军的整体力量，一举夺回瓜岛机场。

日军陆军瓜岛作战连遭失败，前线的第十七军团司令百武晴吉恼怒不已。他认为前次作战没能夺回瓜岛不是美国海军陆战队有多大实力，而是军官们指挥不力。这一次，百武决定亲自出马，坐镇瓜岛，指挥第三次攻击。他决定调驻婆罗洲的第二师团，再加上一木、川口的余部，总共2万人左右，发起第三次攻击，一举拿下瓜岛。

海战场面

百武立即给联合舰队运输群海军第八联队运输舰队司令田中赖三打电话，把自己的想法告诉了他，希望他派出运输舰队将第二师团运送到瓜岛。美国掌握着瓜岛地区的制空权，海军昼夜巡逻。田中深知其中的危险，说什么也不肯答应。

田中的拒绝激怒了百武，他想，陆军凭什么得跟着海军的指挥棒转，再说驱逐舰也运载不了重炮，势必影响登陆作战。想到这儿，百武拿起电话对田中说："第十七军团无论如何要乘运输舰去，如果海军不能提供有力的帮助，陆军不需要什么护航舰队，自己照样能夺回瓜岛。"

还没等田中说话，百武说了句："你们看着办吧。"随后，便挂断了电话。海军和陆军在运送增援部队的问题上意见不统一，最终闹到了大本营。为了协调这次战役，海军部和陆军部召开了一连串联席会议。日军大本营为此派出素有"作战之神"的辻政信中佐以观察员身份参加会议。辻政信素以狠毒著称，他曾在新加坡和菲律宾杀害了大批华人。

当辻政信得知海军不愿出动护航舰队、百武决定铤而走险时，愤愤不平地说："海军如此不负责任，倘若运输舰队贸然出航，一旦遭遇美军舰队必定全军覆没！"

会后，辻政信会见了百武，要求立即给他一架飞机。他将直接去联合舰队司令部，面见总司令山本五十六，说服他派出舰队为陆军护航。百武顾虑重重，怀疑辻政信言过其实。一个小小的佐官，怎么可能轻而易举说服威名赫赫的山本五十六？对此，他不抱希望。在辻政信的一再要求下，百武决定派出一架飞机，送这个天不怕地不怕的中佐去特鲁克岛。

辻政信一下飞机就去找山本的首席参谋黑岛龟人，他以陆军参谋本部前线特派观察员的身份，要求晋见山本五十六。黑岛当即请示过参谋长宇垣缠后，直接把他带往司令舱。辻政信毫无怯意，雄赳赳气昂昂地走上旗舰"大和号"舷梯。

山本以为是前线人员来向他汇报情况。没想到，辻政信一见到山本，就毫不客气地指责："陆军参谋本部对瓜岛的战斗很不满意，两次进攻都失败了，这其中也有海军配合不利的因素。第八舰队没有派出足够的战舰为运输舰队护航。陆军的补给运不上去，岛上的官兵弹尽粮绝，经常靠椰子、草根、野菜和浆果维持生命。即使没在战斗中牺牲，也都快饿死了……"

辻政信说得慷慨激昂，还流出了眼泪。他恳请山本出面协调，鼎力相助陆军夺取瓜岛机场。山本目不转睛地望着辻政信，默默地听着。

"冒昧赶来求见将军阁下，"辻政信继续说，"转达百武将军的话，第十七军团应该完整地登上该岛，不能再重蹈覆辙，用驱逐舰零零星星运过去，被兵力优势的敌人各个击破。海军不能一味考虑自己的困难，如果阁下仍然拒绝派出护航舰队，那么我们的重炮和补给物资就不能随队同行，战斗力自然会大大削弱。百武将军决心已下，如果海军不派护航舰队，他将率领第十七军团独自前往瓜岛，即使全部牺牲也在所不惜！"

"怎么能这样，岂有此理！"山本拍案而起，转过身去。

辻政信以为自己冒犯了海军大将，缄默不言。

"与陆军精诚合作夺回机场，是海军义不容辞的责任！"山本缓缓地转过脸来。不知是为辻政信的话感动，还是对瓜岛战事充满忧虑，山本的脸上挂满了泪水，"如果第八舰队有意保存实力，不派战舰为运输舰队护航，造成进攻部队补给供应不上导致失败，我这个总司令首先感到痛心和惭愧！"

萨沃岛海战

　　辻政信激动得从桌边站起，想说什么，被山本制止住了："请你回去转告百武将军，联合舰队将全力以赴，派出强大的护航舰队，保证满足第十七军团的要求。必要时，我可以派出我的旗舰参加战斗。陆军不必为此牵扯精力，海军随时配合陆军的行动。"

　　辻政信被山本的举动惊呆了，他没有想到事情会如此简单。辻政信慌忙举手敬礼："将军阁下，我，我不知道怎么为陆军感谢您……"

　　"这都是我应该做的。只是有一点请你做做工作，劝百武将军给我点面子，最好乘驱逐舰去瓜岛，以保证他的安全。第十七军团需要他指挥全局，千万不要拿自己的生命冒险！"

　　山本之所以这样痛快地答应把第二师团护送到瓜岛，其实也有自己的小算盘。自太平洋战争爆发以来，他朝思暮想，希望早一点与美国太平洋舰队决战，消灭这个危险的对手。如今，他把瓜岛看作打一场决战的大好机会。

一旦百武率领陆军向瓜岛发动总攻，盟军绝不会置之不理。这样一来，联合舰队就有机会同美国海军大战一场了。山本自信地认为，如果顺利，这一仗将消灭美国海军在所罗门群岛的力量，也是美国在太平洋末日的开始。

辻政信回到拉包尔后，立即将与山本会面的结果向百武晴吉做了汇报。百武大喜过望，运输兵员的问题总算解决了。随后，百武与参谋人员一起详细拟定了进攻亨德森机场的最后方案。

这一次，他们对瓜岛是志在必得。

◎ 尼米兹决定增援瓜岛

9月20日，美国空军总司令哈普·阿诺德上将代表参谋长联席会议飞抵太平洋舰队进行实地调查。美军前线的指挥官对战场形势的认识分为两派。麦克阿瑟和戈姆利对南太平洋战场现状并不乐观，认为仅凭海军陆战队一个师守住亨德森机场难度非常大。他们对阿诺德说："尽管范德格里夫特打退了日军的第二次进攻，但都是规模不大的局部战斗。倘若日军大本营清醒过来，派出驻拉包尔的第十七军团，瓜岛就岌岌可危了。"

美军太平洋舰队总司令尼米兹海军上将不同意麦克阿瑟和戈姆利的这种看法。他认为，日军进攻瓜岛已经集结了它可能集结起来的最大兵力，而且他的人员、舰艇，特别是飞机的损失远比补充的速度快得多。盟军的实力雄厚，正开始调往这个方向。假如海军陆战队第一师能坚守得再长久一些，形势肯定会发生变化。

阿诺德听取两方面的汇报后，心情更加沉重。他告诉尼米兹，欧洲战场连连告急，英国人精疲力竭。英国首相丘吉尔多次给美国参谋长联席会议施加压力，不同意美军抽出兵力争夺这个微不足道的小岛，罗斯福总统正处于左右为难的境地。现在是关键时刻，他回去后尽量说服参谋长联席会议支援瓜岛，前提是第一师必须守住瓜岛，否则一切无从谈起。尼米兹请阿诺德放心，说他将亲自去一趟瓜岛，了解情况，鼓舞士气，第一师决不会辜负参谋长联席会议的期望。

9月22日，日军第十七军团第二师团司令丸山政男接到命令率部从婆罗洲出发，乘运输舰"太和号"驶向肖特兰，与住吉炮兵支队会师，同时就任第三次登陆战役的前线指挥官。临行前，丸山做了简短的战斗动员："之前开往瓜岛的部队屡次受挫，可见美海军陆战队实力之强，以往的失败在于轻敌。我们不可盲目乐观，这次战役极可能是日美两军陆地上的大决战。我们不将美国人赶下大海，美国人就会让我们死无葬身之地。诸位务必抱定必死决心，夺取岛上的飞机场，全歼美军，否则就别想活着回来！"

9月25日，美军太平洋舰队总司令尼米兹带领随行人员乘"科罗拉多号"水上飞机离开珍珠港前往新喀里多尼亚的努美阿参加太平洋舰队司令部召开的会议。途中，因飞机出现故障，尼米兹在坎顿岛度过了一个夜晚。这一晚，尼米兹会见了即将去华盛顿担任新职的斯鲁·麦凯因将军。麦凯因曾同尼米兹一起工作过，他向尼米兹汇报说："只要有足够数量的战斗机和飞行员阻止敌军的连续轰炸，瓜岛是能够守得住的。"

9月27日，日军出动53架飞机袭击了瓜岛的美军亨德森机场，结果被击落9架。

9月28日，日军再次出动62架飞机空袭亨德森机场。日军的这次损失比前一天更大，被美军击落 24 架飞机。至此，日军在空战中共损失飞机 200 架，而美军仅损失 32 架。美军取得这一辉煌战绩主要有两方面的原因：一方面是飞行员的英勇奋战，涌现出了以福斯少校为代表的一大批王牌飞行员；另一方面是海军修建大队的出色工作，他们填补弹坑的速度超过日军飞机和军舰制造弹坑的速度，有效保障了"仙人掌航空队"的作战。

28 日下午，尼米兹乘坐的"科罗拉多号"水上飞机抵达努美阿。在经过短暂的休息后，他便出席了在南太平洋舰队司令戈姆利的旗舰"亚尔古尼号"战列舰上召开的联席会议。会议在戈姆利密不透风的办公室里持续进行了 4 个多小时。

尼米兹在会议开始时说："我和我的参谋人员此行的目的是了解南太平洋海区的实际情况，以及我军面临的具体问题。请大家各抒己见。"

南太平洋海军司令特纳就南太平洋海区的战略问题做了发言，戈姆利则慢条斯理地介绍了南太平洋海区未来作战计划的大纲。西南太平洋战区盟军司令麦克阿瑟的参谋长萨瑟兰代表麦克阿瑟发言："瓜岛应尽早放弃，不能再守下去了。"

尼米兹发现戈姆利面容憔悴、神情黯淡，戈姆利的报告也很悲观，这一切都很难让人提起精神。尼米兹开始对萨瑟兰少将所说的观点进行询问："有什么理由吗？"

美军太平洋陆军司令哈蒙少将回答："据情报分析，日军百武军团已将其主力第二师集结在肖特兰岛，并从婆罗洲征调第三十八师，欲与第二师一同登陆瓜岛。而我军在瓜岛的守备部队仅 1 万多人，海军又无力增援，与日军的力量相比过于悬殊，固守只会招来更多伤亡。"

尼米兹听后，厉声责问："既然你们怀疑范德格里夫特将军没有足够兵力坚守瓜岛，为什么不派陆军师予以增援？你们对使用新西兰陆军和航空兵的可能性做过调查没有？为什么不派海军部队去破坏日军的'东京快车'？"

这是尼米兹少有的几次声色俱厉的发言之一。他的问题提得尖锐而又有分量，众将领只有面面相觑，哑口无言。尼米兹继续坚定地说："瓜岛是一个局部小岛，但关系太平洋战区的全局，决不能仅从一己利益看问题，望各位随时做好增援瓜岛的准备。"

◎ 惊险一幕

9月29日，尼米兹亲临瓜岛。当尼米兹从珍珠港到努美阿港准备换乘水上飞机时，空军基地司令英里布·菲奇空军少将向其提供了一架"B-17"战略轰炸机。驾驶飞机的是一位年轻的上尉，他没有带所罗门群岛地图。他对负责尼米兹安全的军官拉马尔上尉说："别担心，这条航线我飞过不知多少次了，闭着眼睛都能飞到目的地。"

然而，当战机飞临瓜岛时，亨德森机场上空乌云密布，雷雨大作，茫茫云海遮住飞行员的视线，飞机无法着陆，只能在云层上面兜圈子。拉马尔焦躁不已，埋怨驾驶员粗心大意。尼米兹当即制止住拉马尔，并安慰飞行员："别着急，会有办法的。"这个时候忽然有人说，随行的其他人员可能带有《国家地理》杂志，那上面可能有南太平洋岛屿的插图。于是，机组人员马上分头去找，终于找到一张插图。在这张插图的引导下，飞机冒着倾盆大雨几经波折，终于有惊无险地降落地面。

尼米兹从容地披上雨衣，精神抖擞地走下舷梯。海军陆战第一师师长范德格里夫特早已站在雨中迎接。用过午餐后，尼米兹要求视察飞行指挥部和前沿阵地。范德格里夫特请他雨停了再去也不迟，尼米兹当即说他不是来旅游的，不能耽误宝贵的时间，他还要赶往圣埃斯皮里图岛视察。范德格里夫特赶紧让副官找来雨伞，为尼米兹及其他参谋人员遮挡雨水。

守卫"血岭"的一个哨兵不敢相信自己的眼睛，和他打招呼的竟然是太平洋舰队总司令尼米兹海军上将。哨兵呆若木鸡地站在掩体里，竟然忘了举手还礼。

随后，尼米兹一行人视察了第一师野战医院。医院里的伤兵们听说太平洋舰队总司令视察来了，但凡能走动的人都聚拢过来，好奇地打量着谈笑风生的海军上将。尼米兹备受感动，发表了简短的讲话：

我代表太平洋舰队向你们表示慰问，感谢你们的浴血奋战，用自己的坚强意志和顽强行动击碎了日本陆军不可战胜的神话，祖国因为有你们这样的海军陆战队员而感到自豪。

……

不可否认，我们接下来将面临更多困难，环境严酷，物资匮乏，疾病横生，还有敌机的轰炸……但是我坚信，海军陆战队有着优秀的传统，是一个不可战胜的战斗团体。每一个士兵将会再接再厉，击溃敌人更加猖狂的猛攻。太平洋舰队会想尽所有办法，粉碎敌人的封锁，全力以赴增援第一师。我将很快派驱逐舰来，把大家送到舰队基地医院养伤，请大家回病房安心休息吧。

尼米兹的讲话好几次被伤兵们的掌声打断。他的话刚讲完，伤兵们就欢呼起来，争先恐后地挤过来和将军握手，久久不愿离去。

尼米兹，1885年2月24日生于得克萨斯州弗雷德里克斯堡一个德裔美国人家庭，美国海军将领，最高军阶为五星上将。尼米兹早期以研究潜艇为主，而后成为美军中柴油引擎技术的专家。太平洋战争爆发后，尼米兹担任了美国太平洋舰队司令、太平洋战区盟军总司令等职务，主导对日作战。战后，尼米兹担任海军作战部长，直到1947年退役。1947年12月15日，尼米兹卸除了海军作战部长职务。虽然美国国会所授予的五星上将军衔可使他永不退休，但他决定离开海军。1966年2月20日，尼米兹去世，享年80岁，美国政府为其国葬，并遵照他生前意愿，葬于加利福尼亚州布鲁诺的金山国家公墓，与斯普鲁恩斯、特纳及洛克伍德同葬一处。美国海军为纪念尼米兹，将其去世后所建造的第一艘也是当时最新的核动力航空母舰命名为"尼米兹级"核动力航空母舰，也即日后的"尼米兹号"航空母舰。此外，美国夏威夷檀香山及加州旧金山有以他命名的尼米兹高速公路。

傍晚，暴雨依旧下个不停，范德格里夫特举办了一个简单的酒会，欢迎太平洋舰队司令部的客人们。随后，两位将军避开参谋躲在一边饮酒。

"将军，这一趟可真是不枉此行啊。"尼米兹说，"我深受感动，看到了第一师扼守机场的信心。"

"说实话，守住机场没问题。"范德格里夫特为尼米兹斟满酒杯，接着说，

"参谋们认为应该扫荡敌人的基地，可惜我没有海军舰炮。"

"你是在和我兜圈子吧？"尼米兹喝了一口酒，笑着说。

"所以说，第一师在得不到舰炮火力支援的情况下，只能固守机场，被动挨打。"

"海军也有他们的难处……"

"恕我冒昧，有些情况您比我清楚，在努美阿，不愿拿自己船只冒险的指挥官太多了，而日本人的'东京快车'却比我们勇敢得多！"

尼米兹玩弄着酒杯，陷入了沉思。范德格里夫特点起一支雪茄，猛吸一口，接着说："我一忍再忍，也不宽恕南太平洋部队和地区司令部的悲观态度。第一师身陷重围，孤军奋战，还取得了一次又一次的胜利，海军为什么总是缩手缩脚？"

尼米兹无言以对，只好表态说，他将督促戈姆利尽快派出舰队，支援瓜岛上的陆军。

9月30日清晨，尼米兹冒着细雨，为第一师有功的官兵授奖。授奖仪式结束后，按照预定计划，尼米兹就要离开瓜岛。两辆军用吉普车送尼米兹一行人赶往机场，幸运的是日机没来轰炸机场。不过，机场跑道在经过两天暴雨的冲刷后，早已变成了烂泥潭。飞行员和乘客看到这样泥泞的机场，几乎没有一个不发愁的。

为了保证起飞安全，范德格里夫特要求尼米兹及随行人员分乘两架"B-17"式轰炸机，这样可以减轻飞机起飞时的负荷，安全系数大一些。

尼米兹神情坦然地登上飞机，坐在视野良好的飞机头部。拉马尔赶紧跟着爬了上去，请求将军坐在后机舱。尼米兹没有理睬自己的副官，他想看看一路上的岛屿和地形。飞机很快发动引擎，加大油门向前滑行。跑道尽头是马塔尼考河支流陡峭的悬崖，如果不能顺利起飞，势必一头栽进湍急的河里，导致机毁人亡。飞机轮子溅起一路泥浆，驾驶员看到快滑翔到尽头还没有腾空，立刻关闭引擎紧急刹车。机上乘员吓得闭上了眼睛，手脚冰凉，刹车后的机身仍然沿着潮湿的跑道缓缓滑动。驾驶员满头大汗地操纵着失去控制的飞机，终于横在陡峭的悬崖边上不动了。

眼前的一切，令范德格里夫特瞠目结舌，好半天才回过神儿来，急忙派一辆卡车赶过去，把飞机小心翼翼地拖回跑道。尼米兹镇定地爬出飞机，轻松幽默地说："看样子，上帝想留我们吃午饭，那就不客气了，吃了饭再走。"

饭后，太阳钻出云层，地面变得干燥起来。驾驶员催促大家抓紧时间登机，太平洋舰队司令部人员匆匆登上飞机。机场上刮起热烘烘的大风，飞机迎风发动引擎，这次十分顺利地飞离了跑道。10分钟后，第二架载着参谋人员的飞机也腾空而起，消失在云端。

◎ 抢劫军粮

10月7日，日军第二师团抵达肖特兰岛。次日凌晨，三川亲自坐镇重巡洋舰"鸟海号"护送百武和他的第十七军团奔赴瓜岛战场。这列庞大的"东京快车"包括：第2师团1000多名官兵乘坐的6艘驱逐舰；第二师团另一个大队的728人乘坐的水上飞机母舰"日清号""千岁号"。这些舰艇还载运百武晴吉手下的大部分炮兵，16辆坦克、充足的弹药和医疗物资。

"东京快车"将穿过"狭口"海峡，在塔萨法朗加角登陆，"列车长"是第十一航空母舰支队司令海军少将定岛。掩护定岛的是后藤少将指挥的以重巡洋舰"青叶号""衣笠号""古鹰号"和两艘驱逐舰合编而成的第六巡洋舰支队。这支火力支援群除负责掩护定岛之外，还受命于10月11日以毁灭性的炮火从海上摧毁瓜岛的亨德森机场。

10月9日，日军舰队兵分两路，顺利通过了雾气弥漫的海峡，直奔瓜岛。日军第十七军团倾巢出动，瓜岛争夺战进入决定性阶段。潜伏在拉包尔和肖特兰的盟军监视者，不断发出秘密电波，报告日军的情况。大战来临的阴影，再次笼罩了盟军太平洋舰队司令部。当时的太平洋舰队的指挥纪要这样记载："目前来看，我们没法控制瓜岛海域，因此运输舰队必须付出巨大的代价才能保证亨德森机场防守部队的补给。局势非常严峻，但并非没有希望。"

大量士兵被送往前线

当天，日军运输舰驶抵瓜岛的塔伊乌角。第十七军团司令百武晴吉中将在住吉少将和川口少将等人的陪同下，走下驱逐舰舷梯，换乘登陆艇上岸。海滩上突然响起两声枪响，枪声在寂静的夜空中久久回荡。川口向枪响的地方跑去，厉声喊道："谁在暴露目标，不怕美机来轰炸吗？"

"是我，"辻政信中佐气呼呼地挥舞着手枪，"太不像话了！"

原来是岛上的士兵抢劫粮食，这些士兵发现登陆艇运来大米，摇摇晃晃地从丛林里钻出来，谎称帮忙卸货。乘水兵们不注意，几个人扛起一包大米就跑，不管军官们怎么喝止，都无济于事。衣衫褴褛、蓬头垢面的士兵越聚越多，后来的人索性一哄而上，撕开粮食口袋抓起生米往嘴里填，造成海滩上一阵不小的骚乱。辻政信正好蹚水上岸，见状大怒，拔出手枪打倒了一个不管不顾的军曹。抢粮的士兵一下子被镇住了，不知这个凶神恶煞般的中佐要如何处置他们。

"你们是哪个部队的？"川口压住辻政信的手枪问。

一个面黄肌瘦的士兵流着眼泪跪下说："我们是一木支队的残部，请长官高抬贵手，弟兄们十几天没吃东西了。"

后面的人纷纷跪下，泣不成声。川口鼻子一酸，泪水忍不住流了下来。他扶起眼前的士兵说："起来，大家都快起来，你们受苦了……叫你们的长官来，给每人发一份口粮。"

"川口将军，你不能擅自做决定，"辻政信冷冷地说，"抢劫军粮是要进军事法庭的，我要把他们交给军法处！"

"中佐，"川口转过身来，愤怒地盯住辻政信，"收起你的手枪，人都要饿死了还不放过，我命令你离开这里。"

"好吧。我要向百武司令长官汇报。"辻政信行了个军礼，拂袖而去。与此同时，负责防守瓜岛的美军陆战第一师只有得到强有力的海陆空增援才能顶住即将到来的更大规模的进攻。尼米兹立即致电海军总司令金，要求允许他抽调驻瓦胡岛的美陆军第二十五师，以及中太平洋地区的飞机，归南太平洋部队和地区司令部指挥；同时，命令治愈皮肤病归队的威廉·哈尔西海军中将接替受伤的弗兰克·弗莱彻海军中将出任南太平洋航空母舰编队指挥官。尼米兹将南太平洋舰队分成 3 支打击力量，全力迎接日军的挑战。

这一天，美军 2 艘大型运输舰和 8 艘驱逐舰从努美阿港起航，驶往瓜岛，这支运输舰队运载着陆战第二十五师先遣队 3000 余名士兵。奉命为其护航的第一支打击力量是由诺曼·斯科特海军少将指挥的第六十四特混编队，该特混编队拥有重巡洋舰"旧金山号"和"盐湖城号"，轻巡洋舰"波伊斯号"和"海伦娜号"，还有 5 艘驱逐舰。

斯科特参加过第一次世界大战，作战勇敢，经验丰富，深谋远虑。他仔细研究过日本人的夜战经验，着手对自己的舰队进行强化训练。功夫不负有心人，美国水兵很快就掌握了夜战的要领。斯科特期待战机尽快到来，与日本人在夜战中一决高下。与日本海军相比，他还有一个更为有利的条件，美军舰装有雷达，能穿透夜色洞察敌人的动向。而日军舰上没有雷达，只能用肉眼搜索海面。南太平战区司令戈姆利寄希望于斯科特能给屡次夜战中受挫的美国海军争口气，他命令第六十四特混编队"搜索并击毁日舰和登陆艇，以进攻保护运输舰队安全卸载"。

与此同时，美军的第二支打击力量以航空母舰"大黄蜂号"为核心的航空母舰特混编队，和第三支打击力量以战列舰"华盛顿号"为核心的战列舰编队，先后驶入预定海区。航空母舰特混编队集结在亨德森机场以西 180 海里处，随时准备为斯科特进行空中支援，战列舰编队则在瑞卡塔岛以东海域截击可能出现的日舰编队。

◎ 夜战

10月10日黎明，日军第十七军团司令百武晴吉在塔辛姆波科基地建起新的司令部，他得知美军已经发动小规模的反击，并夺取了几个前沿阵地，正在闷闷不乐。百武派人找来川口，责问他军纪不严，怂恿部下抢劫给养。川口没有马上分辩，吃过早饭，他请百武视察驻地，慰问一下"血岭"一役存活下来的士兵。川口支队的残兵闻知将军来看望他们，勉强排成队列迎接。百武简直不敢相信自己的眼睛，这些士兵一个个脸色蜡黄，眼睛凸出，活脱一副骷髅。由于身体严重缺乏养分，头发、眉毛甚至眼睫毛都在脱落。

一个光着膀子、骨瘦如柴的大尉出列报告，说他的部队连战死带饿死，剩下的没几个人了。现在靠野菜和树皮充饥，抢粮食固然不对，但总得活下去啊。他请求尽快拨给他们食物和药品，好挽救士兵的生命。另一个衣不遮体、肋骨突出、牙齿松动的小队长报告，说他的小队整整一个月没吃到粮食，连喝口海水都觉得甜滋滋的，但大家都不敢随便喝，喝了海水就拉肚子，许多人蹲着蹲着就再也起不来了。

百武皱着眉头听完官兵们的汇报，说："天皇的士兵落到如此地步，是我这个司令长官的错……请大家再坚持一下，我会尽快把食物和药品送来。等拿下机场，立即用飞机把你们送回国内休养。"

回到司令部后，百武立即致电拉包尔基地："瓜岛局势远比预计的要严重得多，请火速派增援部队和运送给养。"

百武上岛后，对所属部队进行了全面部署。

10月11日11时45分，一架美军远程巡逻机在瓜岛西北210海里处发现了正在急匆匆驶往瓜岛的庞大的"东京快车"，立即发回报告。斯科特接电后马上率舰队向埃斯帕恩斯角－萨沃岛一带海域破浪前进，途中又两次接到发现日舰编队的急电。至18时10分，日舰队距萨沃岛已经不到100海里。此时，斯科特正以29节的航速朝萨沃岛猛进，企图抢在日军前面，严阵以待。

11日21时，斯科特率舰绕过瓜岛西海岸，向埃斯帕恩斯角挺进。30分钟后，他命令4艘巡洋舰的侦察机起飞，搜索日舰。一架正欲起飞的飞机突然腾起大火，火光照亮了黑沉沉的海面。原来，这是"盐湖城号"上的飞机发生了照明弹事故。斯科特大为恼火，又十分担忧，这种自我暴露，无疑直接给日军送去了情报。此时，庞大的日本"东京快车"正兵分两路，从瓜岛北面和西北面海域渐渐逼来。后藤少将率领的火力支援群在雾气迷蒙的黑夜里像一个"幽灵"小心翼翼地前进。

21时30分，日军后藤舰队已到达埃斯帕恩斯角西北距美军斯科特舰队约50海里处。夜越来越深，突然，后藤看到了一团火光。这其实就是"盐湖城号"上的飞机在燃烧，后藤认为这是日本第二师团在登陆海滩上点起的篝火信号。日舰马上用闪光灯联络，因迟迟不见对方回答，有人起了疑心。可是，后藤坚信美国舰队是绝不敢在黑暗中向擅长夜战的日军挑衅的。他想即便在登陆海区有美军舰艇，把它们引出来也好，可以在夜战中将其歼灭，因而日舰继续用闪光灯向这一团火光发出信号。由于日舰闪光太弱，加之海面雾气太大，美舰并没有发现。至此，双方在黑暗的海面上继续摸索着接近。

23 时 42 分，斯科特接到"海伦娜号"的敌情报告："发现目标，方位285 度，距离 6 海里。"日舰队就在眼前，而他的先头驱逐舰在刚刚的转向行驶中已脱离队形，黑暗中又看不到它们的影子。而此时，日军那种猫一般的夜战眼睛在浓浓迷雾的暗夜中视力大大减弱。当后藤舰队与美舰相距 4550米时，仍然没有发现美军舰队，就像在萨沃岛遭到奇袭的克拉奇利的舰队一样，完全蒙在鼓里，这正是斯科特进行攻击的绝妙时机。

23 时 46 分，美军"海伦娜号"首先开火，其他美舰也相继展开凶猛的炮击。刹那间，闪光划破夜空，重炮震撼海面。后藤的旗舰"青叶号"驶在舰队的最前面，突然被照明弹照得雪亮，首先遭到美军"盐湖城号""波伊斯号""海伦娜号"的集中炮击。几秒钟后，一发炮弹击中"青叶号"，舰上顿时腾起一团巨大的火球。在惊恐和忙乱中，后藤以为射击他的是定岛指挥的日舰，因而特别恼火，立即下令各舰由右向后相继转向，脱离接触。岂料命令刚刚下达，一颗重炮弹便在他的旗舰"青叶号"的瞭望台附近猛烈爆炸。舰上顿时烈焰飞腾，后藤被弹片击中，这位将军临死还以为自己遭到了友舰的误击。

日舰被这突如其来的袭击打得蒙头转向，它们毫无目标地乱放了一通炮火，而主力舰重巡洋舰"青叶号"和"古鹰号"早已腾起大火，遭受重创，唯有重巡洋舰"衣笠号"和"初雪号"由于擅自从左向后转向，躲过了美舰雨点般炮弹的轰击。

23时51分，美军"旧金山号"发现在西北1000余米处有一艘神秘舰只与其平行航行，斯科特大为困惑。突然，这艘身份不明的舰只向"旧金山号"发出奇怪的红、白两色灯光。这一愚蠢的举动立即暴露了自己的马脚，"旧金山号"打开探照灯一看，认出这是被打得毫无防御能力的日驱逐舰"吹雪号"。与此同时，所有的美舰集中火力，炮弹铺天盖地打来，"吹雪号"旋即发生了大爆炸，仅两分钟便沉入了海底。

10月12日0时，斯科特命令各舰暂停射击，并通知其打开识别灯，准备编成单纵队，再次发起更加猛烈的攻击。没想到此举反倒给了溃不成军的日舰一个喘息机会，日舰趁此良机，向美舰进行了猛烈的反击，并进行鱼雷攻击。突然，日舰所有的大炮一齐沉默下来，原来他们发现主将阵亡了，便载着后藤的尸体仓皇逃走。

此役，日军巡洋舰和驱逐舰各一艘（救援舰未计在内）沉没，两艘巡洋舰受到损伤。美军一艘驱逐舰沉没，一艘驱逐舰、两艘巡洋舰受到损伤。这次海战，美军首次击溃了一直为"东京快车"提供掩护的联合舰队火力支援群，同时粉碎了它对亨德森机场进行夜间炮击的企图，使自恃为夜战行家的日本海军损兵折将，大败而归。

10月13日，日军一支由2艘战列舰、1艘巡洋舰和9艘驱逐舰组成的炮击编队，抵达瓜岛，对亨德森机场进行了10多分钟轰击，共倾泻了918发356毫米大口径炮弹，亨德森机场顿时化为一片火海。

萨沃岛海战中击沉的舰队

10 月 14 日夜，日军第八舰队由三川亲自指挥一支炮兵编队，再次突入铁底湾，第二次炮击了亨德森机场。次日夜，日军第八舰队炮兵编队第三次炮击了亨德森机场。经过 3 次炮击，驻守瓜岛亨德森机场的美军"仙人掌航空队"只剩下 8 架 B-17 重型轰炸机、10 架"无畏"式俯冲轰炸机和 24 架"野猫"战斗机，机场跑道被毁，燃料几乎全被焚毁。

日军乘美军"仙人掌航空队"机场被毁、汽油匮乏之际，连续组织运输船队向瓜岛运送部队。14 日和 15 日两个夜晚共运送 5500 人和数门 150 毫米大炮上岛，使岛上日军的数量急剧增加。至 10 月 17 日，日军在瓜岛的总兵力已达 15 个步兵营，共 2.2 万人，25 辆坦克和各种火炮 100 余门。

此时的瓜岛已成为美国朝野关注的焦点。美军因机场几近瘫痪，制空权、制海权都被日军夺得。岛上部队后援困难，士气低落。瓜岛面临严重危机，于是陆战第一师师长范德格里夫特紧急电告太平洋舰队总司令尼米兹："岛上形势要求立即采取如下措施：第一，占领并控制机场附近的海面，以阻止日军继续登陆和对我军进行直接炮击；第二，至少增援一个师的地面部队，以便展开广泛攻势，歼灭目前集结在机场附近的敌人。"

尼米兹认为瓜岛的局势的确非常危急，但还没到绝望的地步，关键是要夺取瓜岛的制海权和制空权。

◎ 换将

10 月 15 日晚上，尼米兹在太平洋舰队司令部召开了一次特别会议。参加会议的主要是随他去过南太平洋的参谋人员。尼米兹面容憔悴，心情沉重。参加这次会议的一位参谋回忆说："只几天工夫，尼米兹就像变了个人一样，他的老毛病复发了，一只手不停地微微颤抖，从前炯炯有神的蓝眼睛变成了暗淡无光的深灰色。"

尼米兹强打精神说："目前的瓜岛局势非常严峻，各位也都跟我去看到过了……提请大家注意，我们历经挫折，日本人同样狼狈不堪，精疲力竭，关键在于谁能坚持到最后。为此，我强调，任何悲观失望的情绪都是不能容忍的！"

会议首先讨论的问题是如何加强南太平洋战区的领导。南太平洋司令戈姆利缺乏胆识与魄力，从一开始就对战局持怀疑的态度，对作战指挥上的分歧不能妥善解决，导致部下怨声载道，显然无力扭转危急局面。尼米兹在听取了很多中下级军官的意见后，最终决定更换指挥官。

戈姆利是一位老资格的舰队指挥官，老谋深算，作战经验丰富，具有职业军人的献身精神。另一方面，精明过头往往会谨小慎微，患得患失，所以不能及时鼓舞士气，力挽狂澜。尤其是两军相持的关键阶段，戈姆利缺乏一个高级指挥官应有的感染力和号召力，缺乏打大仗、硬仗的胆略。

一位心直口快的参谋毫不客气地说，所罗门群岛海战以来的失败应由戈姆利负全责，他最大的问题是决策失误和指挥不力。尼米兹赶紧打断他的发言："大家应抱着实事求是的态度解决南太平洋部队和地区领导人的问题，戈姆利将军毕竟指挥过著名的中途岛战役、珊瑚海大战，功劳是不可磨灭的。"

临阵换将是战场一大禁忌。尼米兹思来想去，有些举棋不定。他决定征求一下大家的意见，要求与会者都要发表自己的看法。参加会议的军官们都明确表态，不能再迟疑不决了，应该选一位敢作敢为、富有积极进取精神的指挥官接替戈姆利，以便迅速扭转南太平洋部队的悲观情绪，改善瓜岛的不利局面。

会议接着开始讨论人选问题。经过反复研究，大家最终将目标锁定在两位将军身上：一位是头发花白、猛打猛冲的特纳少将；另一位是虎背熊腰、敢作敢为的哈尔西海军中将。特纳和哈尔西在美国海军界均以骁勇善战著称，威望与资历不相上下，前者绰号"怪物"，后者绰号"蛮牛"。

尼米兹没有表态，内心倾向哈尔西。特纳无疑是个难得的将才，但他好大叫大喊，容易激动，遇事不够冷静。他的运输舰队和陆战第一师有矛盾。第一师师长范德格里夫特对特纳也不满意，曾几次向尼米兹告状。从另一个角度来说，现在南太平洋战事吃紧，最好委托一名军衔、威望、资历更高的指挥官来统帅南太平洋战区，也好协调海军和陆战队的关系。关键是，哈尔西一直指挥航空母舰编队，具有丰富的航空兵作战经验，在所罗门群岛不断发生航空母舰大战的情况下，哈尔西无疑是个更为理想的人选。

哈尔西，1882年10月30日生于新泽西州伊丽莎白市的一个海军军官家庭。1899年哈尔西考入弗吉尼亚大学，但他只在弗吉尼亚大学读了一年书就接受任命进入安纳波利斯海军军官学校，并于1904年毕业。哈尔西在军校读书时对体育运动要比学业功课更感兴趣，成绩只排在全班倒数第三名。毕业后，哈尔西参加了1907—1909年的"大白舰队"巡航（在"堪萨斯号"战列舰上服役）。随后在驱逐舰和鱼雷部队服役。

一战时，哈尔西已经是一名海军少校，在爱尔兰昆斯敦沿海的驱逐舰上服役，荣获海军十字勋章。之后，哈尔西曾先后供职于海军情报局、出任驻德海军武官，后被派往海军军事学院和陆军军事学院进修，并在驱逐舰上服役了相当长的一段时间。他还在彭萨科拉海军航空兵学校接受飞行训练。1935年担任"萨拉托加号"航空母舰舰长，两年后任彭萨科拉海军航空兵学校校长，并晋升海军少将。1938年，哈尔西出任第二航空母舰分遣舰队司令，次年改任第一航空母舰特混舰队司令，旗舰为"萨拉托加号"。1940年春，升任航空母舰特混舰队司令，指挥太平洋舰队所辖的全部航空母舰，并晋升为海军中将。此时，哈尔西尽管已进入高级指挥官的行列，但仍对各种新技术深感兴趣，并成为某些新技术、新设备的积极倡导者。因擅长轰炸，被称为"轰炸机"。

珍珠港事件爆发前，太平洋局势已相当危急，哈尔西率领以"企业号"

航母为主的第八特混舰队为威克岛运送海军陆战队飞机。临行前，他向当时的太平洋舰队总司令金梅尔请示："战争迫在眉睫，如果遭遇日本舰队，我怎么办？"金梅尔模棱两可地说："你可以酌情处理。"出发后，哈尔西立即发出了"第1号作战命令"，要求全体官兵随时准备战斗，若遇日舰，立即将其击沉。他的参谋长提醒道："将军，你知道吗？这项命令意味着战争！"哈尔西却一脸平静地说："如果发现敌人过来就先发制人，有什么争论到以后再说。"这生动地表现出哈尔西敢作敢为的倔强性格。

珍珠港事件后，他指挥对日本占领的马绍尔群岛、吉伯特群岛以及威克岛进行奇袭。1942年4月，他率舰队驶近东京，对东京进行初次轰炸。由于身患严重的皮炎，哈尔西不得不在珍珠港住院就医，错过了6周后至为关键的中途岛战役。1942年10月，接替戈姆利任太平洋部队和南太平洋地区司令。在此后两个月中，他指挥圣克鲁斯海战和瓜岛海战，立下赫赫战功。这是他在美军最危急时刻的最光辉的表现。在接下来的两年里，他指挥航空母舰和其他舰艇部队为美军沿所罗门群岛北上、挺进俾斯麦海立下汗马功劳。1944年6月，哈尔西任美国第三舰队司令，率航空母舰特遣队执行空中打击任务，支援麦克阿瑟在菲律宾登陆。同年10月在莱特湾战役中，他掩护和支援美军陆上作战，搜捕和消灭日本的舰队。尽管哈尔西的舰队在恩加诺角海战中击沉4艘日本航空母舰，但其本人仍然因被敌人诱离北上而招致批评。此外，他还先后两次因为让第三舰队遭受台风袭击而受到指责。即便如此，第三舰队在哈尔西的指挥下仍然在美国突击台湾岛、冲绳群岛和日本本土的进攻中发挥了重要作用。

1945 年 9 月 2 日，日本投降仪式正是在哈尔西的旗舰、停泊在东京湾的"密苏里号"战列舰上举行的。自 1945 年 5 月 28 日至 9 月 2 日，他指挥在冲绳岛周围琉球群岛的最后海上战役。1945 年 12 月，哈尔西晋升海军五星上将。1947 年退休，成为弗吉尼亚大学发展基金会主席，并就本人曾受到的批评做出回应。1959 年 8 月 16 日，这位充满传奇色彩、脾气暴躁的海军上将在纽约州费希尔斯岛去世。哈尔西因作风勇猛而获得"蛮牛"的绰号，因为人随和又被他的上级尼米兹称为"水兵中的海军上将"，是二战中美军人气最高的将领之一，深受部下爱戴。

哈尔西抵达了战列舰"密苏里号"甲板

　　哈尔西屡建奇功，是尼米兹手下难得的一员虎将。难怪在瓜岛争夺战日趋白热化之际，太平洋舰队司令部的参谋们都推荐他接替戈姆利。

　　会议结束后，尼米兹即刻给哈尔西发去一份电报，要他取消在瓜岛停留的计划，直接去努美阿港接受新的任务。

10月16日晨，尼米兹电告海军总司令金，把自己的想法告诉了他，并请他批准哈尔西接替戈姆利的职务。尼米兹很快便收到了"同意"复电。

同一天，日军第十七军团开始清扫亨特森机场附近的美军外围据点，向机场逐步接近。山本得知第十七军团已经登陆成功，认为决战的时机到来了，驻守亨德森机场的美军已经精疲力竭，不堪一击。只要联合舰队全部出动，配合陆军再次发起联合进攻，美军就会全线崩溃。

在大本营的支持下，山本精心制订了一个庞大的海陆空进攻瓜岛的作战计划。该计划准备动用日本联合舰队的大部分兵力，组成"瓜岛支援群"。该支援群主要包括近藤信竹中将指挥的先遣部队和南云忠一中将指挥的航空母舰部队，共拥有"祥鹤号""瑞鹤号""瑞凤号""隼鹰号""飞鹰号"5艘航空母舰，共载飞机260余架；"金刚号""榛名号""比叡号""雾岛号"4艘战列舰，外加巡洋舰和驱逐舰群。舰队的使命是全力以赴从海上打击美军。同时，第十七军团出动2万名士兵分3路突击，首先拿下亨德森机场，然后近藤的先遣部队冲进海峡，炮击瓜岛，消灭残敌。在夺取亨德森机场后，舰载机立即进驻。日海空力量将全力以赴搜捕并歼灭所罗门海区内的美军舰队及增援兵力。进攻发起时间为10月22日。

与此同时，为了压制瓜岛的美军航空兵、掩护陆军登陆、削弱亨德森机场的防御力量，日本海军水面舰队已提前从10月11日开始挺进瓜岛水域，展开先期作战，积极争夺制空权和制海权。

10月17日，日军第十七军团第二师团司令官丸山政男率部迂回进攻。第二师团长长的队伍被山坡上的茂密森林吞没，丸山走在队伍前面，手里拿着白色手杖，艰难地行进着。走在他身后的是先遣支队司令那须弓雄少将，他前额上裹着一块白布，因为身患疟疾而艰难地一步一步向前走。小道越来越窄，士兵们只能排成一列纵队前进。弯弯曲曲的纵队，缓慢而吃力地越过一个个丘陵，一条条河川。士兵们除了背包外，还得扛大炮零件、炮弹或其他装备。因为点火做饭极易招致炮击，所以从士兵到将军一律吃预先准备好的冷饭团。行军到后来，除了少数身强力壮者外，大部分人再也走不动了。一门门大炮只好被抛弃在小道两旁。显然，丸山的第二师团已经不可能按原定时间到达指定地点，于是电告第十七军团司令长官百武晴吉，说进攻时间不得不推迟一天。

第五章

攻击！疯狂的攻击

日军第七次冲锋突破了美军部分阵地，美军不等日军扩大战果，甚至连挖工事的时间也没有，就展开空前猛烈的反击，使这个突出部变成了死亡陷阱。

◎ 进攻时间一再推迟

　　哈尔西乘坐的"科罗拉多号"水上飞机 10 月 18 日 14 时刚在努美阿港降落，一艘救生艇就开了过来。哈尔西登上救生艇，戈姆利的副官向他敬了个礼，递给他一个密封信封。哈尔西马上撕开，把上面注着"机密"两个字的信封拆开。原来是尼米兹发来的一封电报："你抵达努美阿后，即接替罗伯特·戈姆利中将出任南太平洋地区兼南太平洋舰队司令。"

　　哈尔西简直不敢相信自己的眼睛，于是又看了一遍电报，情不自禁地说："这是让我去干最棘手的工作啊！"

　　哈尔西的到来令官兵们大受鼓舞，斗志高昂。一位陆战队军官回忆当时的情景时说："这是我终身难以忘怀的情形，那时我们忍受着疟疾的折磨，连爬出战壕的力气都没有，但听到哈尔西就任的消息，大家高兴得像羚羊一样跑着，跳着，欢呼着！"

　　哈尔西接手南太平洋战区的工作后，才发现前任司令戈姆利和他的参谋人员都不能向他提供有关瓜岛局势的第一手资料。他们将自己埋在文件堆里，很少离开"亚尔克尼号"。哈尔西立刻给陆战第一师师长范德格里夫特将军发去一封电报，要他即刻来努美阿汇报战况。

10月18日，日军第十七军团第二师团司令官丸山政男未能抵达攻击地点，进攻时间不得不推迟到10月22日。20日下午，丸山的第二师团终于绕过奥斯腾山。在这里，日军兵分两路，那须弓雄及师团司令部继续沿小道直奔亨德森机场，由川口率领3个步兵营和3个机枪迫击炮营折向东南，从机场右翼发起进攻。

川口与丸山分兵后，遇到辻政信。辻政信瞧不起这个败军之将，但川口不知道辻政信对他怀有敌意。他把自己对进攻计划的疑虑告诉辻政信。计划不可能行得通，原计划规定那须支队从左翼发动攻击，川口率领的右翼部队从上次的路线发动进攻。然而，这一带地形复杂，高地崎岖坎坷，根本无法发动正面进攻。

"辻君，海军从空中拍摄的照片你看过了吗？"川口问，"这些照片清楚地表明，我们从正面进攻获胜的希望非常渺茫，所以我想率部队绕到敌军东侧的后面。"川口说的那个地方是亨德森机场的东南端，只需越过光秃秃的小山，越过开阔地，穿过稀疏的小树林便可抵达。经过上次战斗，川口了解这一带的地形。如果按照他的意见，那须从左翼照原计划行动，他则要稍微改变一下进攻路线，这样，两支部队就能够对美军形成夹击之势。

"不需要看那些照片，"辻政信说，"我熟悉这里的地形，完全同意你的建议。"

听川口说想把他这个意见通知丸山，辻政信冷冷地说："我会亲自向丸山解释，祝你取得成功！"

10 月 22 日上午，日军发起总攻击的时刻即将到来。第二师团疲惫不堪的士兵仍在蒸笼似的丛林里挣扎着前进，但是仍没有按时抵达攻击地点。丸山只好第三次推迟发起总攻的时间，命令 24 日晚 7 时发起总攻。

22 日下午，川口接到推迟进攻的命令，此时他的部队距进攻地点起码还有一天半的路程。战事紧急，他打电话通知丸山，说他的部队不能在预定时间赶到目的地。丸山说，不能再延误了。这个时候，川口才明白，耍弄权术的辻政信根本就没有把他们要调整进攻路线的情况告诉丸山。

川口脑袋嗡的一下，随即冷静下来："那样的话，我只能派先头部队参加预定时间的进攻了。"

丸山听后大喊："不管你有什么困难，必须不折不扣地执行命令。"说完，丸山挂断了电话。稍后，丸山语气生硬地重新给川口打电话："川口将军，你立刻到司令部报到，至于你的职务，请交给东海林俊茂大佐。"如此一来，日军便失去了一位最了解战场情况的指挥官。

10 月 23 日，范德格里夫特同正在瓜岛视察的霍尔库姆中将一起抵达努美阿。当晚，哈尔西在司令部召开作战会议。参加会议的有南太平洋海军司令特纳、海军陆战队司令霍尔库姆、陆战第一师师长范德格里夫特及司令部的参谋人员。

范德格里夫特首先介绍了瓜岛的局势。他回顾了那里的作战经过，并谈了他对敌军实力和意图的估计。范德格里夫特说他的部队处境不好，疟疾削弱了官兵体质，食物供应不足，夜间空袭影响睡眠等等，现在急需补充航空兵和地面部队。

哈尔西用手指敲打着桌子，看着范德格里夫特问："守得住吗？"

"能守住，"范德格里夫特回答，"不过需要得到有力支援。"

特纳立即表示，海军已竭尽全力了。因为没有足够的战舰保护，几个月来，他的部队已经损失了大量运输舰。

哈尔西没有理会特纳的话，继续对范德格里夫特说："将军放心，我保证尽一切努力支援你。"哈尔西的意思是，只要范德格里夫特坚决守住阵地，海上部队将全力进行支援。会议不同以往，开得干净利落，抓住了问题的要害。

面对日军咄咄逼人的气势，美军太平洋舰队总司令尼米兹感觉力量不足，于是给总部及罗斯福总统发去求援电报。美国海军部长诺克斯和陆军参谋长马歇尔、陆军航空兵司令阿诺德认为瓜岛的战斗消耗着日军的飞机、舰艇和兵员，将大大削弱日军在太平洋其他地区的防御力量，因此瓜岛对整个战局具有决定意义。然而，此时的欧洲战场也处在紧要关头，所以参谋长联席会议在拨出大批飞机增援南太平洋战区的问题上举棋不定。罗斯福认真听取了瓜岛的有关情况后，认为不应该放弃。

23 日傍晚，日军进行佯攻的住吉部队准备完毕。他的所有重炮和弹药全是从马塔尼考河西面搬运过来的。由于没有收到第三次推迟总攻时间的电报，他的作战行动比其他部队提前了一天。

23 日 18 时，太阳刚刚落山，一阵激烈的炮击骤然响起。随后，日军战车冲出丛林，直扑马塔尼考河。驻守河对岸的美军陆战队第一团发动猛烈炮击，他们对这个地区大部分的目标早就测量好了，轰炸之惨烈相当惊人。

战斗进行了半个多小时，住吉的 600 多名部下被打死，日军的佯攻没有达到目的。日军的这次进攻引起了美军的警觉，加固了防御工事，增加了潜伏侦察哨，在阵地前的铁丝网上挂上很多金属片，日军一旦接近就会被发现。另外，还将阵地前影响射击的茅草全部清除，做好了防御准备。

◎ 连骨头都觉得发冷

10 月 24 日，美国总统罗斯福亲自给参谋长联席会议的每个成员发去了一份严厉的通知："要保证尽可能地把各种武器运往瓜岛，既然在以前我们守住了这个岛屿，在这个关键时刻，就要充分利用我们的胜利成果，把弹药、飞机和机组人员源源不断地运去。"

尼米兹终于获得了总统的支持，同时参谋长联席会议授权他可以随时从太平洋其他地区抽调飞机、军舰增援瓜岛。这样，尼米兹就可以放手向南太平洋集结兵力，他先后调去了"南达科他号"战列舰、24 艘潜艇、80 架各种飞机和陆军第二十五师，而在 8 月 24 日海战中受伤的"企业号"航母也于 10 月初修复参战。海军派出战列舰"印第安纳号"和潜艇 25 艘，陆军派出一个步兵师，空军派出 70 多架飞机，归太平洋舰队指挥。

尼米兹撤换了南太平洋空军司令约翰·麦克思空军中将，任命英里布·菲奇空军少将接替其职，并拨出战斗机 50 架、轰炸机 24 架，直接飞往亨德森机场。至此，美军在瓜岛的兵力已达 2.3 万人，与日军大致相当。

24 日黎明，美国海军少将金凯德指挥的由航空母舰"企业号"(83 架舰载机)、战列舰"南达科他号"、巡洋舰"波特兰号""圣胡安号"以及 8 艘驱逐舰组成的第十六特混编队，驶抵瓜岛东南 800 余海里的洋面上。与此同时，美国海军少将莫雷指挥的由航空母舰"大黄蜂号"以及 4 艘巡洋舰、6 艘驱逐舰组成的第十七特混编队也向同一方向急驶。第十六、十七两支特混编队奉命在圣埃斯皮里图岛东北偏东 273 海里处会合，在圣克鲁斯群岛以北海区巡航，随时准备截击日本舰队。

24 日下午，美军发现亨德森机场后方有大量日军在行动。他们发现一队日军正在越过奥斯腾山山脚。随后，又有人发现一个日本军官正用望远镜观察高地。美侦察狙击队的一个海军陆战队员报告说，看到在高地南面 3 公里外的丛林中升起许多炊烟。这就是川口率领的部队。随同这支部队行军的辻政信一直坚信，美军不会料到日军会有大规模的进攻。

其实，美军早就严阵以待，在这个地区部署了重兵。防守这个地区的是身体矮小、凸出一副鸡胸的刘易斯·普勒。普勒曾经历过上百次战斗，具有丰富的作战经验。接受任务后，他命令士兵们加深战壕，加高沙包工事。铁丝网上挂满弹片和其他金属片。这样，日军夜袭时就会发出警报声。士兵们用刺刀做镰刀，把影响视野的草丛全部割去，以免在射击时阻挡视线。

此时，日军舰队已经在海面上巡航了两个星期，山本实在按捺不住了，他通知第十七军团说如果不立即夺取瓜岛的亨德森机场，舰队将因燃料不足而撤退。因为在夺回亨德森机场前，日军大本营不愿冒险进行其他战斗。

夜幕下的马塔尼考河的防御工事

第十七军团司令百武晴吉接到山本五十六的电话后只得硬着头皮下令发动决死进攻，并向山本保证："当天夜晚即可占领瓜岛机场！"日本海军和陆军双方已达成一致，一旦陆军占领亨德森机场，立即发射绿、白、绿3颗信号弹。海军见到信号后，水面舰艇马上出动，配合战斗，"隼鹰号"航空母舰在天亮后马上袭击瓜岛美军舰只。

然而，直到此时，日军第二师团司令丸山还没有做好准备，但他以为万事俱备。左翼，那须将军虽已进入阵地，但接替川口的东海林大佐在离开小道后，却遇上了陡峭的山谷和不见天日的丛林，因此未能把主力带到原定的出击地点。

夜幕降临，乌云翻滚，雷电大作，大雨随之飘泼而下。19时，日军第二师团终于发动了总攻。日军士兵冒雨爬出阴暗泥泞的草丛，嘶喊着扑向美军阵地。严阵以待的美军展开轻重武器火力，予以迎头痛击，陆战队士兵打得兴起，索性从战壕里跳出来，抱着机枪向日军猛扫。

一批又一批的日本兵爬过战友的尸体，发起一次次自杀式的冲锋。他们挥舞着军刀、刺刀、手榴弹和短刀等近战肉搏的兵器，逐渐突破美军阵地。美军的自动武器虽然打倒了前边的日军，可后边的日军蜂拥而上，战斗变成了野蛮的肉搏，双方用刺刀、大刀和枪托来拼命。

大雨越下越大，几乎成了一道雨墙。丸山和他的参谋人员，还有辻政信，沿着一座坍塌的小山坡爬到一块平坦的岩石上面。参谋人员围绕着丸山紧紧地挤在一起，以便使他暖和一点。午夜时分，他们听见右方传来轻武器射击声。枪声爆豆似的响个不停。负责与东海林联络的师团作战参谋松本报告："右翼已攻进机场，夜袭成功！"

还没等丸山脸上的笑容消退，电话铃又响了。又是松本，他说："关于右翼夜袭成功的报告，我搞错了。他们还没有到达机场，将穿过的一块大开阔地误以为是机场了。"右翼的炮击仍在继续，响声比先前更大。

日军第二师团先遣支队司令那须弓雄感到情况不妙，一直对进攻行动抱有希望的辻政信突然产生了不祥的预感，他后来回忆说："连骨头都觉得发冷。"

日军先遣支队第一次冲锋被美军打退了。美军第一六四团在紧急情况下，动用了团预备队，搜索突入阵地的日军，战况异常激烈。一位美军军官对这次战斗曾经做过这样的描写："倾盆大雨，好像天都要塌下来的样子，雷声比大炮还响亮，闪电在我们的周围乱窜。大约在我们前方180米的地方，日军正企图突破我们的前沿阵地。机关枪和迫击炮打成一片。炮弹从我们的头顶飞过，好像跟高速电车从我们头上飞过去的声音差不多少。狂风骤雨中，大树会在你的身旁突然倒塌下来，这都是一些高达好几十米的大树。在闪电的照明下，看着周围的景象，感到自己不知道是活着还是已经死了。"

那须身患疟疾，病情严重，但他仍然坚持留在前线，他更怕死于疟疾。他重新集结起先遣支队，再次发起冲锋，很快又被美军压了下去。那须一次又一次组织突击，企图突破美军防线，但一次又一次失败了。

◎ 决死攻击

10 月 25 日拂晓，那须支队兵力折损了一半，第二师团的王牌第二十九联队几乎全军覆没，联队长及军旗下落不明。丸山听了报告后只得向百武发电："攻占机场尚有困难。"

第二师团参谋长劝司令官丸山撤兵，被拒绝。丸山给那须打电话说，师团把最后的预备队调给他，让他于明晚再次发动全面进攻。

"我请求今晚就进攻！"那须狂热地吼叫着。此时，那须高烧已超过摄氏 40 度，他叫军医再给他打一针，并祈祷皇天保佑他能活下去指挥进攻。

天黑后，那须仓促进入阵地，准备进攻。身体极度衰弱的那须把指挥刀当作手杖，率部发起新一轮的冲锋。他好不容易一瘸一拐地冲到铁丝网前，黑暗中突然射来一排步枪子弹，其中一颗正中那须的胸部，那须顿时血流如注。

与此同时，全线日军发起决死进攻。狂热的日军发出震撼夜空的嘶喊："美军陆战队士兵们，今晚你们就要完蛋啦！"美军所有武器一起开火，怒吼声达到最高潮。仅仅几分钟，那须支队中队长以下全体指挥官死的死，伤的伤，残余部队踏着尸体继续冲锋。

决死攻击

25日6时，日本联合舰队总司令山本五十六得到可靠情报，瓜岛机场仍然在美军手中，日军陆上进攻濒临失败。山本一听，十分恼怒，不得不赶紧制止预定的从海上炮击瓜岛的行动。

庞大的日军舰队在瓜岛以北300海里处巡弋，静观战况发展。

25日中午，山本派驻瓜岛的联络官报告："因为在复杂地形条件下，部队调动困难，昨夜的进攻又失败了。"如此看来，现在只能看海军的了，箭在弦上，不得不发。山本思索了一会儿，命令在瓜岛水域周围集结待命的海军部队立即南下，迎击美军。

25日夜，山本发出通报："美军舰队很可能在所罗门群岛海域出现，一旦美军舰队出现，联合舰队一定要将其消灭。"同时，山本还下令："无论天气和美军飞机活动情况如何，战机应继续侦察和追踪，务必查明美军舰队的数量和类型。"

处于前卫的南云忠一接到山本的电报后，他叫卫兵把参谋长草鹿龙之介召来。一见面，南云就对草鹿说："瓜岛的陆上作战已经失败，海军也应该撤退，休整后再战。但现在总司令却来了电报，看来只能硬着头皮作战了，草鹿君有什么想法？"

"说实话，我一直反对在没有把握的情况下与美军交战，那样只能重蹈中途岛的覆辙。但你是司令长官，最后决定要由你来做，"草鹿回答，"这个仗是你指挥的，如果你果真有意南下，我同意你的结论。"

随后，草鹿提醒说，尚未侦察到美军航空母舰编队的位置，我们肯定已被圣埃斯皮里图岛起飞的美机发现。他说："既然你的主意已定，那就让我告诉你，我们决不能还没有歼灭敌人就先被敌人歼灭！"

草鹿回到舰桥，命令航空母舰进攻部队（3 艘航空母舰、1 艘重巡洋舰、8 艘驱逐舰以及 2 艘战列舰、4 艘巡洋舰、7 艘驱逐舰）掉头向南，以 20 节的航速直扑美军舰队。

10 月 26 日 0 时 11 分，一架美侦察机给南太平洋舰队司令哈尔西发回急电："发现日军舰队，距离 300 海里，方位西北。"3 小时后，这架侦察机又发回报告："发现大型航空母舰 1 艘和其他类型军舰 6 艘，距离 200 海里，方位西北！"

此时，日军舰队被美侦察机发现，令联合舰队主力部队司令南云忠一和参谋长草鹿龙之介焦急不安。这时，一名通信军官报告，附近发现一架飞机，可能是美军轰炸机。南云一声不响地站立了 20 分钟，脸色惨白，凝视着漆黑的天空。突然，一声的爆炸使他清醒过来，接着又是一声。他的旗舰"翔鹤号"航空母舰旁边升起了两根巨大的水柱。南云对草鹿说："你先前说的话是对的。全速返航！"

草鹿强压着怒火，命令舵手以 24 节的航速向北返航，另外还命令 24 架搜索机向南分头侦察，他担心像在中途岛那样陷入重围。其实，美军攻击南云旗舰的不是轰炸机，而是两架携带炸弹和鱼雷的侦察机。这两架美侦察机分别由斯托克顿·斯特朗中尉和查尔斯·欧文少尉驾驶。美机发回去的情报相当重要，它为美舰队实施先发制人的进攻提供了可能。可惜的是，第十六特混编队司令金凯德没有收到这一情报，对此敌情一无所知，日舰编队才转危为安。

这份价值很高的报告在发往圣埃斯皮里图岛的美军第六十三特混编队司令部时被拖延，至 5 时 12 分才转发，延迟了两个小时。远在努美阿的南太平洋舰队兼地区司令哈尔西一接到此电，迫不及待地发出指令："攻击，攻击，再攻击！"

26 日凌晨 4 时 30 分，美军"企业号"航空母舰的扬声器发出了急促的战斗命令："人员远离螺旋桨，发动飞机！"

26 日拂晓时分，美军"企业号"上 16 架侦察机、轰炸机一架接着一架升空，分 3 组在距离 200 海里的扇面内进行搜索。其中一个双机组在距"企业号"航空母舰 85 海里处与一架日军轰炸机相遇，因为双方都在寻找更大的目标，彼此都没有理会。

26 日 6 时 17 分，美军第一个双机组发现南云的以"比叡号"和"雾岛号"战列舰为主力的先遣部队，经过详细察看后，于 6 时 30 分发回报告，继续向前飞行，寻找日军航空母舰，但没有找到。在返航途中，日军先头部队的高射炮向它们射击，在接近"企业号"航空母舰时，又与那架日军轰炸机相遇，这架日机已经侦察到了美军航空母舰特混编队的情况。

26日6时50分，美军第二个双机组首次发现南云指挥下的"瑞凤号"航空母舰，距美军"企业号"航空母舰200海里，方位西北。此时，南云已辨认出美侦察机是舰载机，预感到美航空母舰就要出击了，便立即在"翔鹤号""瑞鹤号""瑞凤号"甲板上部署了65架飞机，随时准备出击。

◎ 讨还血债

　　26日6时58分，美军战机对日军"瑞凤号"航母展开了空中攻击。"瑞凤号"立即施放烟幕，开始转向躲避。美机投弹轰炸，遭到日军8架"零"式战斗机的拦截。混战中，有3架美机被击落，其余的匆忙逃走。就在这时候，南云接到侦察机发来的紧急报告："方向东南，距离200海里，发现美军1艘航空母舰和5艘其他类型军舰。"几个星期以来，南云和草鹿一直避免战斗。此时，美军舰队距离只有200海里，看来一场战斗难以避免了。南云毫不犹豫地命令第一攻击梯队立即起飞。

　　到26日晨，美军已经击退了日军夺岛陆军的第六次冲锋。此时，日军正在重新集结，准备发动第七次冲锋。日美双方士兵相互骂阵。

　　"为天皇讨还血债！"一个日本士兵用英语大声喊道。

　　"为总统讨还血债！"美国海军陆战队士兵毫不示弱。

　　日军第七次冲锋突破了美军部分阵地。美军不等日军扩大战果，甚至连挖工事的时间也没有，就展开空前猛烈的反击，使这个突出部变成了死亡陷阱。日军立足未稳便血肉横飞，伤亡惨重。几个逃得快的日本兵从铁丝网空隙中钻出去，才捡了条命。战斗一直延续到上午，最后只剩下零星的枪声。日军的进攻被彻底粉碎，幸存者踏着战友的尸体溃退下去。负伤的支队司令那须弓雄躺在担架上被抬回第二师团司令部，他向司令丸山伸出一只极度虚弱的手，没等开口便死了。

战事激烈

26日7时，日军"翔鹤号""瑞鹤号"和"瑞凤号"3艘航空母舰的甲板上响起发动机震耳欲聋的轰鸣声。第一攻击梯队的18架鱼雷轰炸机、22架俯冲轰炸机和27架战斗机陆续起飞。由于情况紧急，最后几架飞机还没离开甲板，参谋长草鹿龙之介便下令让第二攻击梯队尽快跟上。草鹿从未紧张过，如今由于中途岛的惨败记忆犹新，他站在舰桥上不耐烦地朝"翔鹤号"

甲板上的军官喊叫，要他们动作快点。他从望远镜中看到"瑞鹤号"的动作更慢，焦急地跺起脚来，命令信号旗手打旗语问："为何延误？"他从舰桥这边走到那边，直到第二攻击梯队的12架鱼雷轰炸机、25架俯冲轰炸机、16架战斗机全部飞上天空，他才松了口气。草鹿连一架战斗机也没留下来，既然已决定投入战斗，就要全力以赴。日军舰载机刚刚离舰，美军第三侦察机组听到第二机组的报告，隐蔽飞临南云舰队上空。

26日7时30分，美军"大黄蜂号"航母上的15架轰炸机、6架鱼雷机、8架战斗机相继腾空。

26日7时40分，美军斯特朗中尉和欧文驾机向轻型航空母舰"瑞凤号"袭来。"瑞凤号"迅速调头规避，同时放出浓浓的烟幕，仍被两枚500磅的炸弹命中。舰尾立即起火，飞行甲板也被炸开一个直径15米的大洞。幸而舰上飞机大多数已经出击，损失不是很惨重，可这艘航空母舰已无法投入战斗了。

26日8时，美军"企业号"航母上的3架轰炸机、8架鱼雷机、8架战斗机也纷纷离舰。

26日8时15分，美军"大黄蜂号"航母上又有9架轰炸机、9架鱼雷机、7架战斗机升空。3组机群顾不上编成战斗队形，便踏上攻击日本航空母舰的征途。

日美双方攻击机群相遇，因双方的目标都是航空母舰，因此都不敢恋战。双方一直保持队形，继续朝各自的目标飞去。后来，日机再也受不了引诱，当即出列抢占高度优势。美机也毫不示弱，迅速投入空战。日机首先击落由"企业号"起飞的3架战斗机，击伤1架，然后转向鱼雷机，再次击落3架美机。日机也遭受伤亡，有4架战机被击落。由于双方肩负着重大使命，因此很快脱离了厮杀，各自奔向更大的猎物。

26日8时40分，美舰收到日军飞机接近的报告，但雷达兵对在同一方位上的目标，难以分清敌友。15分钟后，才辨认明白。第十六特混编队司令金凯德得到雷达核实的报告时，日本的第一批俯冲轰炸机离他已不到50海里。迟疑了片刻后，他才派出"野猫"式战斗机截击日机。

26日8时59分，日军轰炸机快速冲来，美军"企业号"见势不妙，急忙避入暴雨中，暂时脱险。而暴露在晴空下的"大黄蜂号"却成了蜂拥而来的日机的猎物。此时，担任"大黄蜂号"空中战斗巡逻的有38架战斗机，均由"企业号"航母引导。引导官是新手，飞机配置得太近、太迟，至9时6分才进入阵位。当美军战斗机发现日机时，日机已经开始俯冲了。危急时刻，"大黄蜂号"和它的警戒舰的防空炮火发挥了威力，炮弹将日机一架接一架炸得粉身碎骨。然而，日机进攻的势头丝毫没有减弱。

26日9时10分，日军轰炸机开始集中轰炸美军"大黄蜂号"。一颗炸弹落在飞行甲板附近，另两颗虽然没有命中要害，却伤了舰身。一架日军飞机被美军炮火击伤后，实施自杀性攻击，故意驾机向烟囱俯冲，笔直地栽倒在飞行甲板上。只听"轰隆"一声巨响，机上所带炸弹一起炸响，舰上立即爆发出一团惊人的烈焰，大火和烟云顷刻间吞没了航空母舰。

随之而来的是日军鱼雷机，它们从后方低空掠来，攻击机飞得很低。两枚鱼雷打进"大黄蜂号"主机室，发生爆炸，整个舰身为之一动。电线和消防泵悉遭破坏，海水浸入锅炉舱，主机停车，"大黄蜂号"挣扎了几下，停了下来。随即，舰身开始倾斜。正当"大黄蜂号"无能为力地漂在海面上时，又一群日军飞机飞过来，肆无忌惮地向冒着黑烟的舰身扫射，并投下 3 枚 500 磅的炸弹。

曾经威风凛凛的"大黄蜂号"顿时变成一座燃烧的地狱，爆炸声此起彼伏，强大的气浪把舰面的飞机掀翻到大海里。不到 10 分钟，"大黄蜂号"就淹没在大火中。幸亏"诺思安普敦号"巡洋舰及时赶来，拖着"大黄蜂号"航空母舰以 3 节的航速逃离战场。

◎ 伤亡惨重

26日9时27分，日军从截听到的美军无线电话中，知道还有1艘美军航空母舰在附近海区。43架日本俯冲轰炸机和鱼雷机立即向金凯德的舰队飞去。

26日9时30分，美军轰炸机群终于发现日军"翔鹤号"和"瑞凤号"航空母舰。"瑞凤号"因中弹在冒烟，"翔鹤号"便成了主要攻击的对象。护航的日军战斗机立即向美机发动攻击。美军轰炸机被击落2架，其余11架美军轰炸机不顾猛烈的高射炮火，以一列纵队向南云的旗舰"翔鹤号"俯冲。随着一颗1000磅巨型炸弹在舰上爆炸，"翔鹤号"舰身开始抖动。接连又是几下爆炸，飞行甲板上开始燃起熊熊烈火。"翔鹤号"很快被大火吞没，舰上的大炮被打哑了。由于舰上装备了先进的火控系统，才没有遭到更大的损失。此时，由于通信联络系统失灵，草鹿决定把舰队司令部转移到一艘驱逐舰上。他命令舵手掉头驶出危险区，撤出战斗。此次轰炸，使"翔鹤号"在以后整整 9 个月内都无法参加战斗。

26 日 10 时 2 分，为"企业号"担任警戒的美军"波特号"驱逐舰被日军潜艇发射的鱼雷击中，汹涌的海水灌进了两个锅炉舱，另一艘驱逐舰急忙赶去救援，接走舰上的人员后，将其击沉。因而，在日机进攻前，"企业号"的警戒舰中就少了两艘驱逐舰。

26 日 10 时 9 分，由 24 架日军轰炸机编成的一个机群飞临"企业号"上空，即"大黄蜂号"遭难后 1 小时，美国在太平洋上的最后一艘航空母舰也遇到与"大黄蜂号"同样的厄运。为"企业号"护航的战列舰"南达科他号"发现来袭的日机后，立即奋起还击，高射炮火将大部分俯冲的日机打得凌空爆炸。然而，日机仍然不顾死活冒着炮火连续不断地俯冲攻击，不断投下重磅炸弹。"企业号"像一头发疯的巨鲸左躲右闪，最后还是被两枚炸弹直接命中，一股浓烟从舰首升降机后部冲天而起，随风逐渐扩大，很快笼罩了飞行甲板，舰员伤亡很大。另有一枚炸弹在舰身附近爆炸，毁坏了涡轮机的主轴承。"企业号"消防官兵立即进行抢修，不到 10 分钟，大火便被控制住，机件得到调整，弹洞得到修补。半个小时后，又有 14 架日军鱼雷机冲破美机拦截，低空向"企业号"逼近。

这 14 架鱼雷机和刚刚攻击完毕的那 24 架轰炸机，是于 8 时 22 分由日军航空母舰"瑞鹤号"和"翔鹤号"起飞的。按照计划，这两个机群应该协同进行攻击，但轰炸机早到半个小时，没等鱼雷机群到达便投弹了。鱼雷机群在飞抵目标前受到美军战斗机截击，被击落 6 架。这是一次前仆后继的殊死攻击。一架日机在距离海面 150 米的高度中弹坠毁，余者仍顽强进击，结果又有 4 架中弹起火，剩下的 9 架分成两队，从航空母舰两舷投放鱼雷。只见 9 枚鱼雷飞溅着泡沫向"企业号"的左右舷扑来。

"企业号"身经百战的哈迪森舰长操纵着巨舰灵活地躲闪，成功地进行了躲避，竟然没有中弹。当大家正要松一口气时，空中的美军飞行员波拉克发现海面上有一条可怕的鱼雷航迹，径直指向距"企业号"不远的警戒驱逐舰"守门人号"。波拉克立即向飞窜的鱼雷开火，企图将其摧毁。然而，为时已晚，"守门人号"被鱼雷击中，很快就沉没了。

激战仍在继续，不到 100 海里处，有一大群日本轰炸机和战斗机正在迅速逼近。这是从近藤的先头部队中唯一的一艘航空母舰"隼鹰号"上起飞的攻击编队，包括 17 架俯冲轰炸机，由袭击珍珠港时建立功勋的志贺淑雄大尉率领 12 架战斗机护航。

26 日 11 时 20 分，志贺淑雄发现一艘大型航空母舰。这就是受伤正撤离战场的美军"企业号"航空母舰。此时，这艘历尽磨难的巨舰对已经来临的危险浑然不觉。日机冒着高射炮火网向"企业号"俯冲。高射炮不断在四周开花。日机不停地翻着筋斗，不断降低高度。"企业号"成功地避开了日机攻击，仅被命中一弹。数架日机又蜂拥扑向战列舰"南达科他号"和巡洋舰"圣胡安号"，两舰各中一弹。"企业号"则趁乱逃走，退出了战场。

随后，海空出现了短时间的沉寂。日本航空母舰"翔鹤号"与"瑞凤号"中弹最多，失去了战斗力。而美军"大黄蜂号"与"企业号"航空母舰则遍体鳞伤。

26 日中午，近藤命令没有受伤的日军航空母舰"隼鹰号"和"瑞鹤号"继续南下，追歼美舰。

26 日 13 时 15 分，日军"隼鹰号"派出 15 架飞机进行搜索和攻击，正遇上美军巡洋舰"诺思安普敦号"拖着"大黄蜂号"航空母舰在慢悠悠地撤退。6架鱼雷机立即贴着水面飞去。"诺思安普敦号"巡洋舰长下令砍断拖索，满舵转向，闪避鱼雷。这样，"大黄蜂号"就被孤零零地扔在一边，几乎一动不动地待在水面上，成为日机攻击的靶子。日机连续投弹，一枚鱼雷击中"大黄蜂号"右舰身。火光一闪，紧接着传来闷雷一样的响声。"大黄蜂号"甲板立即裂开了大口子，燃料油像喷泉一样涌了出来，水兵们沿倾斜的甲板滑入海中。右舷倾斜很快，后部轮机室开始进水。舰长只好下达了弃舰命令。

这时，6架日军战斗机和4架轰炸机开始对"大黄蜂号"发起又一次攻击。它们在美国水兵抢着离舰时，又成功地在"大黄蜂号"飞行甲板上命中一弹。至此，"大黄蜂号"已经难以挽回，美军驱逐舰"麦斯廷号"与"安施森号"发射了16枚鱼雷，以加速其沉没。16枚鱼雷中共有9枚命中航空母舰，但"大黄蜂号"仍然漂浮在水面上。此时，日军的"瑞鹤号""隼鹰号"正迅速从

"大黄蜂号"航母葬身海底

后面逼近，形势万分危急，美军驱逐舰又匆忙向"大黄蜂号"发炮。"大黄蜂号"庞大的舰体已百孔千疮，但它仍然倔强地不肯沉没。40分钟后，日军前卫群到达，见已无法拖带，又加射了4枚鱼雷。

10月27日凌晨1时35分，首次轰炸东京的美军"大黄蜂号"经过长时间的挣扎才不情愿地沉入海底。

◎ 作战新计划

10 月 27 日下午，山本发来电报，命令舰队全部撤回特鲁克岛。根据飞行员及乘员的报告，南云和草鹿估计，最少打沉美军 2 艘巡洋舰、1 艘驱逐舰、3 艘航空母舰。日本海军暂时取得了瓜岛周围的制海权。山本得知战果后，非常高兴，无法入睡，乘着月色在旗舰"大和号"的甲板上来回踱步。裕仁天皇非常重视这次胜利，专门给山本发来敕令，表彰联合舰队的"勇敢战斗"。在把敕令交给海军军令部总长永野修身时，天皇说："敕令后一部分是我本人关于瓜岛战斗的祝愿。那里，日美两军正在激战。瓜岛对于帝国海军来说是一个重要的基地，希望我军能尽快夺回该岛。"

其实，日军为这一胜利付出了惨重的代价。日军只击沉击伤美军航空母舰各 1 艘，击沉驱逐舰 2 艘，轻伤战列舰、巡洋舰和驱逐舰 1 艘，击毁美机 74 架。日军有 2 艘航空母舰、1 艘巡洋舰受重创，而飞机的损失高达 92 架，这些训练有素、实战经验丰富的飞行员短时间内是难以补充的。最重要的是，经此一战，日本大本营精心制订的陆海空联合进攻并占领瓜岛的计划再次流产。

美军虽然在海战受到损失，尼米兹仍然感到一些安慰。瓜岛上的陆军士兵和海军陆战队员挫败了日军的进攻，亨德森机场仍在美军手中。尼米兹给陆战第一师师长范德格里夫特发去一封嘉奖电："今收悉你部在岛上的战斗捷报，我们感到欢欣鼓舞。谨向前线的陆战队员及固守阵地并反攻夺回防线的陆军部队表示衷心的感谢。我们相信，只要你们团结一致，一定能打败敌人，取得作战的最后胜利。"

日军大本营对瓜岛的战局喜忧参半。一方面，第二师团的攻击失败了；另一方面，海军取得了胜利。大本营经过分析，认为"再努把力"可以扭转战局。增强第十七军团的兵力，尤其增强炮兵兵力，并且把这些兵力有组织地加以集中使用，就可以扭转战局。鉴于此，大本营做出如下决定：

1. 10 月 28 日下令，尽快将自法属印度支那运往关岛的独立混成第二十一旅团运抵拉包尔，编入第十七军团。

2. 督促已于 10 月 20 日下令编入第十七军团的第五十一师团，尽快从中国华南出发。

3. 火速给第十七军团补充其他必要的兵力和物资。

按照日军大本营的指示，在瓜岛前线的第十七军团司令百武晴吉重新拟订了作战计划，该计划的要点如下：（1）第三十八师团主力将于 11 月上旬，第五十一师团将于 12 月上、中旬登陆瓜岛；（2）第六师团将以 1 个精锐团乘装甲输送舰在瓜岛直接实施敌前登陆；（3）混成第二十一旅团将另外开辟进攻路线；（4）第三次总攻时间定于12月中下旬。

美军虽然打退了登陆瓜岛的日军部队，但是瓜岛战役仍处于关键时刻。为此，美军南太平洋地区和南太平洋舰队司令哈尔西决定亲临瓜岛视察。在岛上举行的记者招待会上，哈尔西信心十足地说："我们会消灭日本人，消灭日本人，不断地消灭日本鬼子！"

一个结结巴巴的记者问他："将军，您认为日军还能支撑多久？"

"这个问题很好回答，"哈尔西说，"把岛上的日本人全部消灭，他们也就支撑不住了。"

"将军能不能……给我一个明确的……答复？"

"那么，你认为他们能支撑多久呢？"记者反倒被机智的哈尔西问得哑口无言。

简短的视察结束后，哈尔西一行人飞回努美阿。途中，哈尔西在埃法特岛短暂停留，视察了基地医院，慰问瓜岛作战受伤的士兵们。哈尔西亲临前线视察慰问的消息不胫而走，很快传遍南太平洋各条战线，官兵们无不欢欣鼓舞。一位记者在战地报道中写道："强将手下无弱兵，由'蛮牛'中将统帅南太平洋战区，我们不打胜仗才怪呢？他给士兵的不仅仅是勇气，更重要的是一种一往无前的必胜信念。"

日军第十七军团由于没有掌握瓜岛地区的制空权，只好用战斗舰只利用暗夜往瓜岛输送援兵与给养。从11月2日至10日，日军派出驱逐舰队65艘次和巡洋舰2艘次对瓜岛进行增援。然而，兵员仍然紧张，而且又缺乏重型装备。鉴于此，日军决定于11月10日前后，尽快组织一支较大的增援编队，将第38师团约1.4万人及其所需重型装备一次性送上瓜岛。

11月6日，日军统帅部大本营为夺取瓜岛制定了新的作战方针："陆、海军协同，首先迅速压制所罗门方面的敌航空兵力，取得成功后，一举运送部队和军需品，然后综合发挥所有战斗力夺回瓜岛。"另外，日军大本营还采取了如下措施：

紧急组建第八方面军，辖从中国战场调来的第十八军团和百武晴吉指挥的第十七军团。第十八军团将接替第十七军团在新几内亚群岛的防务，以便第十七军团腾出手来，集中精力进行瓜岛作战。海军则以第二、第五、第八舰队主力及第十一航空舰队协助陆军作战。

计划于12月下旬完成一系列航空基地的建设，而后以大规模空战夺取制空权；至1943年1月中旬，完成对瓜岛的大规模兵员与作战物资的输送。

上述作战准备完成后，于1943年1月下旬开始对瓜岛发起总攻。

经日本陆军参谋总长杉山元大将推荐，从爪哇调来荷属东印度的征服者今村均陆军中将担任新组建的第八方面军司令，指挥整个南太平洋战场。今村均文武兼备，在日本军界享有与山本一样的声望。在赶赴南太平洋之前，裕仁天皇宣他进宫听旨，以示激励。今村没想到能让他突然指挥两个军团，但在他研究了瓜岛的战局后，才知道自己接手的是一个烂摊子。今村均只得硬着头皮飞往东京，觐见天皇。

"今村君，在爪哇干得不错啊。"天皇不动声色地说。

"陛下过奖了，卑职尽职而已。"

"知道为什么紧急召见你吗？"天皇话锋一转。

"我对瓜岛战事了解甚少，恐怕难以胜任……"

"大日本帝国第十七军团官兵正在受苦，相信今村均一定能扭转当下危机。"

"陛下放心，我当竭尽全力。"

"什么时候去？"

今村均没有想到天皇这么着急，一时不知如何回答。

"希望你日夜兼程，尽快上任，解救第十七军团的官兵，拜托了。"

今村均看见天皇的眼角闪着泪光，不再掩饰自己的忧虑，于是诚惶诚恐地鞠躬告退。

11月上旬，日本联合舰队总司令山本五十六制订了详细的作战计划，将任务交给田中少将指挥。同时，增援部队护航的是一支庞大的舰队：海军中将近藤指挥的先遣队，拥有轻型航空母舰"隼鹰号""飞鹰号"，战列舰"比叡号""雾岛号""榛名号""金刚号"以及11艘巡洋舰、42艘驱逐舰。三川指挥第八舰队，统一指挥支援部队和增援部队这两支舰队。此外，草鹿中将指挥的岸基航空兵和小松中将指挥的潜艇部队也进入临战状态。

山本的计划是：田中率领增援部队运载登陆部队和补给品于11月14日抵达瓜岛。在田中登陆前将由阿部中将的突击部队于12、13日夜间对亨德森机场进行毁灭性炮击，为登陆日军打开通道。整个舰队负责海空支援，一鼓作气拿下机场，进而占领整个瓜岛。

第六章

钢铁巨舰的惨烈碰撞

阿部虽然出师不利，山本五十六仍然没有改变作战计划。在阿部仓皇回撤之际，山本已经派出了由海军中将三川率领的一支由 4 艘重巡洋舰、2 艘轻巡洋舰和 6 艘驱逐舰组成的一支新的"东京快车"……

◎ 遭遇

在日军增兵瓜岛的同一时刻，潜伏在大洋洲海岸的美军情报人员发出警报："日本大规模舰队正在迫近！"哈尔西闻讯，立即紧张起来。为应付危局，他下令把"企业号"航空母舰从努美阿的船坞中拖出来。"企业号"受损后，根本没有时间把它送回珍珠港修理，只是就地进行了简单的修补。这个时候，"企业号"的前升降机仍未修好，"南达科他号"战列舰还有一个炮塔不能转动。留给哈尔西的时间太少了，他管不了这么多，他需要马上组成一支舰队迎战日军。这支舰队，除"南达科他号"战列舰外，还有"华盛顿号"战列舰，1艘重型和1艘轻型巡洋舰及8艘驱逐舰。

11月11日，伤痕累累的"企业号"航空母舰载着仍在争分夺秒进行抢修的机械师、技师和海军工程兵，艰难起航了，随同舰队其他舰只由努美阿向北急驶。与此同时，由斯科特指挥的第一批增援船队已经驶近瓜岛，被日军舰载机发现。

11月12日黎明，特纳的3艘货船在隆加湾抛锚时，立即遭到从日本航空母舰"飞鹰号"起飞的12架飞机的轰炸。由于美军的海岸观察哨和雷达发出了早期警报，高射炮做好了还击准备，因而损失不大。日军飞机大部分被击落，美军只有1艘货船受伤。由特纳指挥的第二批增援船队和卡拉汉指挥的支援部队，途中也被日军发现。

11月12日凌晨5时，美军第二批增援船队和支援部队抵达隆加湾后，特纳急令快速卸载。在运输舰到达前，支援部队在铁底湾进行了细致的搜索，以保护运输舰卸载。同时，以巡洋船2艘在一条距运输舰较近的半圆形航线上巡逻，以巡洋舰2艘、驱逐舰11艘和大型扫雷艇2艘进行反潜巡逻。与此同时，日军阿部弘毅海军中将指挥的突击部队开始南下向瓜岛进发，并于当天傍晚抵达萨沃岛以北100海里的区域。

12日6时，担任反潜巡逻的美舰发现日军潜艇1艘，距瓜岛隆加角仅6海里，当即用深水炸弹进行攻击，但没有命中。随后，日军的大口径岸炮也向美军运输舰开火，美军巡洋舰、驱逐舰和陆战队的火炮一齐还击，将其暂时压制下去。

12日13时，美军海岸观察哨报告："日军轰炸机和战斗机正向瓜岛飞来！"特纳闻讯大惊，立即下令停止卸载，起锚并组成防空队形，4艘运输舰和两艘货船采用并列纵队，在支援部队的掩护下，向萨沃岛方向驶去。

12日14时，日军鱼雷机发现了美舰，开始发动攻击。由于亨德森机场的美机及时起飞拦截，美军舰没有受到损伤。

12日傍晚，特纳获悉一支日本舰队向瓜岛逼近。于是，他通知担任掩护的卡拉汉："我运输舰队将撤退，请于当夜重返瓜岛，狙击在那里出现的日军。"

卡拉汉比斯科特的资历深，所以斯科特和他的旗舰"阿特兰塔号"及2艘驱逐舰，并入了卡拉汉的支援部队，因而卡拉汉的阵容得到加强。卡拉汉采用了斯科特在埃斯帕恩斯角之战中所采用的办法，所有舰只排成一列纵队。4艘驱逐舰"库欣号""拉菲号""斯特雷特号""奥巴朗号"领先，5艘巡洋舰"阿特兰塔号""旧金山号""波特兰号""海伦那号""朱诺号"居中，4艘驱逐舰"艾伦沃德号""巴顿号""蒙森号""弗列彻号"断后。卡拉汉本人乘坐的是重巡洋舰"旧金山号"。当天22时，护送运输舰队安全返航后，卡拉汉掉转航向，驶回铁底湾。

此时，日本阿部海军中将率领的威力强大的突击部队正向南航行，计划经过圣伊萨贝尔岛以东，到萨沃岛以南，向东转向，采取与瓜岛海岸平行的航线，用舰炮轰击亨德森飞机场。这支突击部队有2艘排水量为32156吨、长达180米的战列舰"比叡号"和"雾岛号"，轻巡洋舰"长良号"以及14艘驱逐舰。阿部虽然知道在瓜岛水域有一支兵力相当的美国舰队，但他认为美军舰队不敢惹他，日落后肯定会撤出铁底湾，加之自己兵力雄厚，美军又不善夜战，因此，他认为不会遇到多大麻烦。

然而，让阿部万万没有料到的是，就在几小时前，美军已经获悉了他的行踪，卡拉汉率领的一支舰队早已在铁底湾内严阵以待。日军舰队行驶到萨沃岛西北海面时，突然下起了大暴雨。阿部得悉瓜岛的天气同样不好，他怕铁底湾能见度太低，不能对岸射击，下令所有船只同时掉头，把航速降至12节。半小时后大雨停止，阿部重新下令掉转航向，朝萨沃岛方向驶去。当这个小岛的锥形影子出现在前方时，已经是深夜了。瓜岛上的群山依稀可见。岛上的地面观察员来电说，他们未发现附近有美军舰只。为此，阿部决定开始准备炮击。

13日凌晨，美军发现了日军舰队的踪影，并将此情况进行了通报："左前方发现日舰编队，距离13海里，航速23节，航向105度。"此时，美日舰队以40节以上的相对速度迅速接近。

凌晨1时41分，处于美军编队先头的"库欣号"驱逐舰上的观察哨突然发现黑暗中窜出3艘日舰。"库欣号"猛向右转，以避免与日舰相撞。如此一来，整个纵队乱了阵形，后面的舰只跟着急转并拥挤在一起。"阿特兰塔号"巡洋舰猛然急转，后边的卡拉汉急忙问道："你们要干什么？""避开自己的军舰。""阿特兰塔号"舰长回答。卡拉汉还想继续询问，通信系统已经陷入一片混乱。

◎ 混战

凌晨 1 时 42 分，日机在亨德森机场投下照明弹，排成 3 列的日舰正要开炮，突然，瞭望哨发现了美军舰队，紧急通报立即传遍整个日本舰队。阿部大吃一惊，急令炮手换上装甲弹。他的战列舰甲板上堆放着准备轰炸瓜岛机场的高爆炸弹，倘若落下一颗炮弹，就会将整艘舰只炸毁。舰上全部人员紧急出动，往库房搬运甲板上堆起的高爆炮弹。黑暗中一片混乱，每一分钟都要过好长时间。日本水兵匆忙卸下高爆炸弹装上穿甲弹，做好应战准备。

美舰由于紧急转向，处于混乱之中。卡拉汉了解情况后下达对日舰攻击的命令时，处于攻击位置的日军 2 艘驱逐舰已经在黑暗中溜掉了。先发制人的 8 分钟就这样丧失了。"阿特兰塔号"因为比其他舰只高大，首先被日舰探照灯发现。"阿特兰塔号"的枪炮长立即下令开火，打掉了日舰的探照灯。当"阿特兰塔号"准备向其他日舰射击时，却遭到对方集中射击。

卡拉汉率领的其他舰只来不及规避，只好冒险率舰从日军舰队中间穿插前进。卡拉汉在忙乱中发出一道命令："奇数舰向右侧射击，偶数舰向左侧射击。"这一糟糕的命令使美军舰队陷入一片混乱。有些船只在指定的舷侧射击不到目标，而且由于舰炮口径参差不齐，致使两侧火力极不均衡，各舰不管看见什么均立即开火。

混战场面

日舰趁美军舰队发生混乱的大好机会，急速发射鱼雷。混乱中，美军巡洋舰"阿特兰塔号"首先遇难，一枚鱼雷击中舰体，强大的气流几乎把它抬出水面。顷刻间，这艘巡洋舰停了下来，主机损坏，舵机失灵，只能在原地打转。随即，其他日舰一起朝它射击，舰上腾起冲天大火。正在该舰的斯科特少将被流弹击中，顷刻丧命，他的参谋人员及多名舰员被炸得血肉横飞。"阿特拉塔号"彻底丧失了战斗力，开始下沉。

日美双方在狭小的海域内纠缠在一起，一场混战就这样开始了。双方在狭窄的海峡回旋追逐，倾尽全力开炮射击，施放鱼雷。处于纵队前面的4艘美军驱逐舰直扑日军"比叡号"战列舰，发起了殊死进攻。"库欣号"驱逐舰向右侧的日军驱逐舰发动几次齐射后，在两分钟内，舰体中部却被日舰发射的炮弹命中，管道损坏，航速降低。当它缓慢航行时，在左侧发现了日军战列舰"比睿号"正向自己驶来，已经不到半海里了。

"库欣号"向左转，朝着"比叡号"连发6枚鱼雷，但没有一枚命中。当它正欲再行攻击时，不幸被一道探照灯光罩住。顷刻间，炮火铺天盖地而来。一分钟不到，"库欣号"就被打得千疮百孔，沉入海底。紧跟在"库欣号"后面的"拉菲号"驱逐舰，迅速赶上，准备抵近"比叡号"发射鱼雷，因速度过快，几乎撞在一起。鱼雷保险装置还没有打开就被"比叡号"坚固的船舷弹了回来。无奈之下，"拉菲号"只能用机关炮射击，不料却被"比叡号"的大口径炮弹和1枚鱼雷击中。"拉菲号"打"虎"不成反被伤害，起火爆炸后很快就沉没了。

美军"斯特百特号"是个奇数舰，按命令向右侧射击，它向距离最近的1艘日舰开火，却遭到猛烈还击。3分钟内，"斯特百特号"连续两次被击中，船舷和雷达均遭到破坏。美军队列中最后1艘驱逐舰"奥巴朗号"，先向开着探照灯的日舰齐射，接着又向"比叡号"猛烈开火。为了避开中弹操纵失灵的"斯特雷特号"，"奥巴朗号"把火力转移到1艘小型巡洋舰，仅两次齐射，目标就发生了大火。

此时，却传来卡拉汉少将的命令："停止向自己的军舰开火！""奥巴朗号"舰长感到莫名其妙，还是停止了射击。原来，在黑暗中美舰误击了早已中弹多处的巡洋舰"阿特兰塔号"。卡拉汉发现后立即进行了制止。"我们要钓大鱼！"卡拉汉对其他舰只喊道，"专挑大家伙打，那肯定不是我们的！"

瓜岛战役如火如荼

　　"奥巴朗号"立即转向，对着不远处的"比叡号"连发两枚鱼雷，却没有命中。因为距离太近，"比叡号"的主炮受俯角限制不能还击。当"奥巴朗号"向左转向，避开正在沉没的"拉菲号"时，在舰首方向突然出现几条鱼雷航迹。"奥巴朗号"还没有来得及躲闪，水下便发出巨大的爆炸声，电线和管道均被震断。

　　此时，美军旗舰"旧金山号"正被几艘日舰团团围住，情况十分危急。日军"雾岛号"大口径炮随即开炮射击。右后方的1艘日舰用探照灯照射并开炮射击。1艘日军驱逐舰从左侧绕过，直接扫射"旧金山号"。成排的炮弹落在甲板、舰桥、瞭望台上，正在舰桥指挥作战的舰队司令卡拉汉少将当场中弹身亡。

◎ 高密度轰炸

铁底湾战斗仅仅十几分钟，美军两位久经战阵的舰队指挥官斯科特海军少将和卡拉汉海军少将就战死沙场，这在以往的海战中是罕见的。

在美舰的攻击下，日方损失也相当惨重，渐无招架之力。"比叡号"中弹50余枚，舵机和通信系统遭受重创，失去了攻击能力。驱逐舰"晓号"和"夕立号"被击沉，另1艘驱逐舰也遭到重创，其他各舰都有不同程度的损伤。

坐镇"比叡号"指挥恶战的阿部，刚一交战就遭到美舰没头没脑的轰击，对战况了解和判断不明，稀里糊涂，仅仅交战10分钟，大部分鱼雷就已经用完了。阿部匆忙命令"比叡号""雾岛号"向北撤退，放弃当初炮击亨德森机场的计划。这正是美军所想看到的，而对日本人来说，这可不是一个好的开端。山本精心制订的作战计划刚刚开始就遭到挫折，他获悉阿部败下阵来后，大为光火。此后两天，日军舰队又连遭惨败，山本把罪责都归在阿部身上，责怪他没有按照原计划炮击瓜岛机场。盛怒之下，山本撤了阿部的职，次年3月这个倒霉蛋不光彩地被退休了。

阿部虽然出师不利，山本却没有改变作战计划。在阿部仓皇回撤之际，山本已经派出了由海军中将三川率领的一支由4艘重巡洋舰、2艘轻巡洋舰和6艘驱逐舰的舰队，组成一支新的"东京快车"，从肖特兰岛起航，开赴瓜岛炮击亨德森机场，以完成阿部没有完成的使命。同时，2艘重巡洋舰和1艘轻巡洋舰及9艘驱逐舰与阿部突击群中没有受伤的战列舰"雾岛号"、轻巡洋舰"长良号"等编在一起，组成一个支援舰队。由轻型航空母舰"隼鹰号"和"飞鹰号"及战列舰"金刚号""榛名号"、重巡洋舰"利根号"组成的编队，为田中赖三的增援部队提供空中掩护。

13日黄昏，美军南太平洋舰队司令哈尔西获悉日军增派重兵的情况后，立即电令金凯德，请求火速派出由海军少将威利斯·李指挥的第六十四特混编队赶赴瓜岛。此时，第六十四特混舰队正在350海里外，最快也得14日黎明才能抵达瓜岛海域。

13日午夜时分，三川舰队劈波斩浪，直指铁底湾。饱受劫难的亨德森机场又将面临着一场严峻考验。三川炮击分队的2艘巡洋舰在隆加角附近开始射击。顷刻间，海面上炮声隆隆，机场上火光闪闪。日军的炮击持续了半个多小时，亨德森机场几乎被犁了一遍，炸毁机场上的美机18架，炸伤32架。

远在万里之外的华盛顿首脑们获悉三川舰队炮击亨德森机场的消息后，如坐针毡。不久，华盛顿又收到日本增援舰队浩浩荡荡杀向瓜岛，而美军没有任何水面舰只进行截击的消息。

二战后，曾任美军海军部长诺克斯回忆说："让华盛顿方面感到紧张情绪的，只有在诺曼底登陆的前夜，能与这次相比。"

11月14日拂晓，美军侦察机发现正在撤退途中的三川支援部队。惨遭日舰炮击的亨德森机场官兵立即群情激愤。随后，美军6架鱼雷机、7架轰炸机和7架战斗机从弹坑遍地的机场艰难起飞。与此同时，三川的舰队被美军"企业号"航空母舰起飞的侦察机发现，再次遭到攻击。早已受伤进水的"衣笠号"此时中弹起火。该舰在多次"东京快车"的袭击中大难不死，而今气数已尽，数分钟内就倾覆沉没了。重巡洋舰"鸟海号"、轻巡洋舰"五十铃号"和1艘驱逐舰都遭到美机轮番轰炸，受损严重。

14日清晨，从亨德森机场起飞的1架美军侦察机发现了一个诱人的目标田中的增援部队。美军陆战第一师师长范德格里夫特早就等不及了，当美军侦察机将日本运输舰队的位置报告给他后，"仙人掌航空队"的飞行员顿时欢呼雀跃，大喊："我们中头彩啦！我们中头彩啦！"

14日8时，美军机群到达三川舰队的上空，立即展开猛烈攻击。两个小时击伤日军1艘重巡洋舰，美机全部返航。

14日11时，美军7架鱼雷机、18架轰炸机在12架战斗机的掩护下，飞临田中支援部队的上空，护航舰队拉响刺耳的防空警报。日军驱逐舰以猛烈的炮火轰击美机，同时高速向前突进。几架美机相继中弹失控，炸成一团黑色云朵，拖着浓烟向海面滑去。

14日12时45分，27架美机开始对日舰进行第二波攻击。万里无云，海面一目了然，日舰编队无处躲藏，田中只得提起精神拼死抵抗。好在他的防空炮火卓有成效，美轰炸机投弹命中率低得出奇，只是轻伤1艘运输舰。田中一直向前猛打猛冲，他的增援部队在水柱和爆炸声中沿着海峡继续向瓜岛高速挺进。

14日13时45分，美军30架"劫掠者"式轰炸机迎头堵住了田中的去路，翻飞的美机乌鸦般布满海峡上空，不管不顾地穿过高射炮火网，长驱直入日军运输舰队。美军一口气炸沉日军2艘运输舰，海面上满是日军士兵的尸体。

战后到处是尸体

14日14时30分，从圣埃斯皮里图岛起飞的15架"B-17"式重型战略轰炸机对田中的增援部队进行第四波次攻击。美军从4500米高度投下15吨炸弹，再次重创2艘日运输舰。从亨德森机场返回的美军战斗机咬住日军战斗机奋力厮杀，一举击落6架。

14日15时30分，从"企业号"航空母舰飞来的7架美军"无畏"式俯冲轰炸机对田中的增援部队进行第六波次攻击，又有2艘日运输舰中弹起火，葬身海底。整个白天，通往瓜岛的海峡空袭不断。美机将亨德森机场作为基地，穿梭般补充弹药来回轰炸。

此时，日军运输舰队饱受弹雨之苦，千疮百孔。

◎ 漂亮的偷袭

11 月 14 日黄昏，掩护运输舰队的日军战斗机损失过半，无力再战，田中仍不死心，毫无撤退的打算。好在夜色降临，掩没了舰队的行踪。在夜幕掩护下，田中让 7 艘驱逐舰靠拢燃烧的运输舰，救援落水的陆军士兵和水兵，自己率 4 艘驱逐舰掩护残余的 4 艘运输舰，在夜色中驶进铁底湾，冒死靠近瓜岛。

至此，美军成功地进行了 8 轮空中打击，炸沉日运输舰 6 艘，重创 1 艘，日军增援部队溃不成军。就在田中的增援部队惨遭轰炸的时候，在凶险的铁底湾水域内，日美舰队展开了殊死较量。

近藤信竹中将亲自率领战列舰"雾岛号"、重巡洋舰队"爱富号""高维号"、轻巡洋舰"川内号""长良号"和 8 艘驱逐舰组成突击舰队，沿所罗门群岛海峡南下。近藤的作战企图是：挺进瓜岛，炮击亨德森机场，完成阿部没有完成的任务，同时掩护田中的增援部队。

然而，这一次日军的对手将是美军第六十四特遣编队的 2 艘战列舰和 4 艘驱逐舰。美海军少将威利斯·李正在瓜岛西南 100 海里的洋面上率领特遣编队巡航，待机而动。他自从 13 日晚与金凯德编队分手后，便日夜兼程赶赴瓜岛海域。在近藤挥师南下的同时，李的第六十四特混编队也在全速北上。

一场钢铁巨舰的大碰撞在所难免。

14 日傍晚，李率领美军第六十四特混编队到达瓜岛 9 海里的水域。21 时，抵达萨沃岛，没有发现日舰，只在西面水平线上看见日军运输舰燃烧的熊熊火光，舰队即将进入铁底湾。21 时 48 分，李的瞭望哨看见了山头的暗影，仍然没有日舰队的踪影。

李焦急地等待日军舰队的消息。因仓促出航，没有规定好无线电呼号。他试图与瓜岛电台取得联系，得到的回答是：不认识你。李眼珠一转，想出一条妙计，他与瓜岛上的范德格里夫特在英国海军学校时，同学们给他取了一个中国名字，叫"李察"。他便以这个绰号与瓜岛上的电台取得了联系。没有想到，从范德格里夫特那里也没有获得最新的情报。

就在李为搜索不到日军舰队而焦头烂额的时候，近藤先发现了他。担任远距离警戒的日轻巡洋舰"川内号"错把美战列舰报成巡洋舰，首先报告发现"敌巡洋舰 2 艘和驱逐舰 4 艘"在萨沃岛以北向铁底湾内航行。指挥官桥本源立即命令驱逐舰"绫波号"和"浦波号"经过萨沃岛西侧向该岛以南海区侦察，自己率领轻巡洋舰"川内号"和驱逐舰"敷波号"发起追击。

近藤接到"川内号"的报告后，立即下达攻击命令。他把本村指挥的近距离警戒舰只分成两队，一队由轻巡洋舰"长良号"和 4 艘驱逐舰编成，担任前卫；另一队由驱逐舰"胡云号"和"出月号"编成。近藤把 14 艘军舰分成 4 路，散布在 10 平方海里的海域，采用分散配置的战斗队形，迅速向美舰接近。

这个时候，李还蒙在鼓里。

14 日 23 时，美军"华盛顿号"战列舰的雷达发现了日军轻巡洋舰"川内号"。美军"华盛顿号"和"南达科他号"战列舰随即开炮。"川内号"深知不是对手，立即施放烟幕，与驱逐舰"浦波号"一起掉头，向北急速撤退。

5 分钟后，日美大规模夜战拉开序幕。

美军先头驱逐舰"沃尔克号"的雷达首先发现从南面进攻的日舰，对后面跟进的友舰发出通报："两艘日驱逐舰正沿萨沃岛南端向我军扑来！"

美舰上的大炮立即发起攻击，第二艘驱逐舰"本哈姆号"和第三艘驱逐舰"普雷斯顿号"，紧跟着发现目标，同时开火。日驱逐舰"绫波号"和"浦波号"本想摸到美舰近前发动奇袭，却没头没脑地挨了一顿轰炸。它们拼死力战，将计就计，牵制住美舰的注意力，以便让身后的前卫群偷袭得手。

美军 3 艘驱逐舰猛击日舰"绫波号"，该舰身中数弹仍然不退。本村没有急着救援起火的"绫波号"，他的 5 艘战舰一字排开，以萨沃岛山脉的阴影做掩蔽，悄悄向正在围剿两艘日舰的美舰扑来。美舰纵队第四艘驱逐舰"格温号"发现 5 艘日舰偷袭，单枪匹马迅速插上，奋不顾身迎击日轻巡洋舰"长良号"。此时，日军 7 艘舰只围攻美军 4 艘舰只，形势顿时大变。

日军轻巡洋舰"长良号"集中火力阻击猛冲而来的美舰，一顿齐射后，"格温号"身中两颗炮弹。一颗击中主机舱，引起巨大的爆炸；另一颗击中舰尾，炸毁舵机，整个舰面烈火熊熊。"长良号"打瘫"格温号"后，掉转炮口轰击其他美驱逐舰。带队的本村下令驱逐舰进行鱼雷攻击。美驱逐舰"沃尔克号"正要击沉苦苦挣扎的"绫波号"，冷不防背后一阵弹雨袭来，受到日舰的前后夹击。"沃尔克号"无力招架，由纵队左侧转向退出队列，被一枚鱼雷击中，舰体发生大爆炸，支离破碎地沉入海底。

舰队被击沉

美军纵队第三艘驱逐舰"普雷斯顿号"及时躲过日舰的鱼雷，企图掉转炮口射击，却被日舰炮火封死，两个锅炉舱全部被炸毁，烟囱倒塌。舰长奋起指挥舰炮拼死抵抗，大声下令发射鱼雷。正在这个时候，日军两排炮弹呼啸着落在身边，舰长当场阵亡，该舰失去了还手之力。

站在旗舰"华盛顿号"舰桥上的李，看到这一切，勃然大怒，率舰猛冲。日舰见美舰来势凶猛，自知不是对手，"长良号"率先掉头撤退，5艘日驱逐舰仓皇溃逃。遭到重创的"绫波号"落在后面，成为待宰的羔羊。

紧要关头，美舰突然停止了炮击。原来，"华盛顿号"雷达荧光屏上显示的目标太多，一时不能识别敌我，枪炮官唯恐误伤己舰，于是下令停止射击。

李暴跳如雷，抓起无线电话斥责"南达科他号"舰长怎么还不开火。

"雷达电路发生故障！"舰长回答。

"雷达出现故障，还有眼睛，日本人看得见，我们就看不见吗？"

"将军，我怕误伤己舰。"

"少废话，我命你开炮，立即开炮，狠狠地揍这些狗杂种！"

李不由分说，要"南达科他号"立即打开战斗识别灯，寻找射击目标。

战斗刚开始，日军就击沉美军驱逐舰2艘、重创2艘，日舰仅被击伤1艘驱逐舰。更为可悲的是，由于近藤分兵进击，炮弹四处开花，美舰炮手如同坠入迷雾之中。到日舰退去时，美舰还没有发射一枚鱼雷，许多炮手还以为朝他们射击的是瓜岛上美军的岸炮。

◎ 落荒而逃

14日23时48分，美军驱逐舰打开战斗识别灯，李见残存的2艘驱逐舰伤痕累累，干脆让它们退出战斗，自己亲率2艘战列舰，追击退却的6艘日舰。遭到训斥的"南达科他号"舰长求战心切，迅猛地向北冲去。为躲避一艘燃烧的驱逐舰，差点闯进日军队列，立即遭到日舰围攻。鱼雷呼啸着蹿出水面，射向"南达科他号"，所幸该舰正在转舵绕过燃烧的驱逐舰，鱼雷全部打偏。"南达科他号"大难不死，但仍未排除电路故障。雷达影像混乱不堪，舰长只能凭着感觉追击日军，再次陷入日军的火力包围。5艘日舰一齐猛轰"南达科他号"，重磅炮弹纷纷落下。"南达科他号"苦苦支撑了几分钟，便丧失了还手之力，幸好"华盛顿号"及时赶来支援。

日军"雾岛号"正在集中全力攻击"南达科他号"，没防备"华盛顿号"从斜次里杀来，甲板上四处开花，爆炸声此起彼伏，钢铁碎片和血肉模糊的肢体飞向天空。近藤一时摸不清头脑，到底是哪儿打来的炮弹。此时，军舰

184

的上层建筑已经烈焰翻腾。舰长惊慌地跑上舰桥报告："炮手大部分阵亡，舵机炸毁，舰身在水面打转。"近藤要求舰长放慢航速，改用发动机操舵。

日军"爱宕号""高雄号"重巡洋舰看到旗舰"雾岛号"受到围攻，立即放弃追击逃跑的"南达科他号"，掉转炮口猛轰"华盛顿号"。"华盛顿号"独自迎战3艘日舰。日舰非但没占到便宜，反而身中数弹。

11月15日凌晨1时，美军"华盛顿号"雷达显示：日军舰队正在退却。李乘胜收兵，掩护"南达科他号"扬长而去。

15日凌晨1时22分，田中增援近藤的3艘驱逐舰赶来，加入战斗。李发现对方增援部队赶来，担心他们攻击岌岌可危的"南达科他号"，于是主动转向迎击日增援舰只。

李的这一举动完全迷惑了近藤。

近藤将司令部从大火熊熊的"雾岛号"转移到"爱宕号"上，他看到"华盛顿号"向西北方向驶去，以为美军发现了田中隐蔽的位置，进攻运输舰队去了，当即率领舰队高速追击。

近藤命令舰队务必抢到前面保护运输舰队，等他回过头来准备阻击"华盛顿号"时，美军舰队却踪迹全无。近藤搜索半天没找到"华盛顿号"，以为对方大败而逃。近藤生怕天亮遭到从瓜岛机场起飞的美机的轰炸，深思熟虑后决定放弃炮击亨德森机场，只派田中增援他的3艘驱逐舰追击美舰，自己率领9艘战舰撤退。

近藤犯了一个大错误，他不但留下3艘受伤的战舰，也抛弃了田中的运输舰，使山本精心设计的战役彻底失败。如果近藤破釜沉舟，不惜牺牲炸平机场，保证增援部队安全登陆，那么南太平洋战区的局势有可能是另外一种结局。

正当战斗激烈进行的时候，日军运输舰队一直潜伏在萨沃岛北面海域，按兵不动。田中指望近藤击溃美军舰队，炮击亨德森机场，掩护他的 4 艘运输舰登陆。当他目睹这场令人绝望的海战后，目瞪口呆了。尽管美舰也撤退了，运输舰队暂时不会受到威胁，但他必须抢在天亮前卸载完登陆部队，仅靠登陆艇把这么多人员和物资运送上岸，无论如何是不可能在天亮前做到的。

"实在不行，让运输舰抢滩登陆吧！"参谋长沉重地建议。

"特鲁克方面同意吗？"田中无可奈何地说。

"我们不能等死，救人要紧。"

"一艘运输舰都没带回去，怎么去见山本司令长官？"

"干吧，将军，再犹豫就来不及了！"参谋长焦急地说。

田中无奈只得向日军联合舰队发电，请求允许 4 艘运输舰搁浅，抢滩上岸。山本还不知道近藤放弃炮击机场的消息，于是断然拒绝了田中的请求。田中急得焦头烂额，如果运输舰退到瓜岛海峡一带，肯定全军覆没。干脆破釜沉舟，说不定还能送增援部队和物资上岸。田中随即带领 4 艘运输舰赶往瓜岛，搁浅后开始卸载。

此时，黑沉沉的海面露出了鱼肚白。这是一个雨过天晴的日子，风和日丽，万里无云。田中知道美岸基飞机就要出现在头顶上了，他下令"飞鹰号"航空母舰立即派战机掩护登陆。日出时，经过紧张的忙碌，田中只卸下 2000 名士兵、260 箱弹药和 1500 袋大米。

正在这时，田中最担心的事情还是发生了。美军的大口径岸炮首先发难，重磅炮弹不断落在运输舰周围，卸载只好停顿下来。随后，6 架美军轰炸机飞临上空，斜着翅膀俯冲下来盘旋轰炸。田中指挥仅有的一艘驱逐舰阻击美机，拼着老命强行卸载。一群又一群的美鱼雷机和轰炸机黑压压扑来，分头轰炸日舰和岸上的物资。

与此同时，美军一艘驱逐舰从图拉古港赶来，盯住日军驱逐舰连连发射鱼雷。日军受到美军岛上、海上、空中立体进攻，犹如一只无头苍蝇，东躲西撞，顾头不顾尾。田中失魂落魄地躲过鱼雷，但没躲过持续轰炸。一颗炮弹击中甲板起火，甲板上的水兵立即送命。再坚持下去只能为运输舰陪葬，田中在无奈中施放烟幕，抛下运输舰仓皇而逃。美军战机贴着日军运输舰的烟囱投掷出大量炸弹，岸炮转而轰击滩头，打得水里、岸上硝烟弥漫。手无寸铁的运输舰上的日军士兵和水手呼天抢地，任人宰割。

◎ 天助日军

15 日 10 时，日军 4 艘抢滩登陆的运输舰一半沉没，一半火光冲天，海面布满挣扎攒动的人头。后来，美机不再攻击散架的日舰，而是对滩头投掷下大批燃烧弹。滚滚火焰席卷丛林，吞噬着侥幸挣扎上岸的日本士兵。日军好不容易卸到滩头的弹药和物资，在火海中顷刻间化为一团团灰烬，随风飘散。日军登陆的滩头阵地犹如人间地狱，空气中弥漫着焦糊味和血腥味，海面漂满支离破碎的残骸。海滩上烧成奇形怪状的尸体，面目狰狞可怕，一具挨着一具。

至此，历时 3 天 3 夜的海战宣告结束。这场海战，对日军来说无异于一场浩劫。美军击沉日军战列舰 2 艘、驱逐舰 4 艘、运输舰 11 艘、潜艇 1 艘，重创巡洋舰 3 艘。由于瓜岛地区的制空权在此之前被美军掌握，日军联合舰队在这次海战中伤了元气，山本不敢再冒风险派舰队进入所罗门群岛南部海域，不再积极向瓜岛大规模运送援兵和物资，岛上日军的处境日益艰难。

作战中的飞机

　　瓜岛战役的胜负已经初见分晓，正如美国海军总司令金所说的那样："我们损失严重，但是取得了瓜岛大海战的胜利，解除了日军攻击瓜岛的严重威胁，巩固了我军在所罗门群岛的地位。"另外，陆战第一师师长范德格里夫特将军在给哈尔西的电报中自登陆以来第一次毫无保留地赞扬了海军："我们认为，敌人已遭到毁灭性的打击。……我们感谢李昨晚的大力援助，感谢金凯德将军。……他们无情打击了敌军，表现出色。对这些努力我们深为赞扬，尤其是斯科特、卡拉汉及他们的部下，在寡不敌众的情况下，仍然奋勇作战，英勇捐躯，他们的牺牲使得胜利成为可能。……对他们，我和瓜岛上的全体官兵，谨高举弹痕累累的钢盔，致以最崇高的敬礼！"

　　瓜岛胜利的消息传到华盛顿，美国参谋长联席会议欢欣鼓舞。海军部长诺克斯在接受记者采访时说："尽管我们遭受了严重损失，但是瓜岛战役（美军将'瓜岛以北海战'称为'瓜达尔卡纳尔岛战役')是我们的一个决定性的胜利。从此,我军在所罗门群岛南部诸岛的阵地免除了威胁。"

11月22日,今村均飞抵拉包尔岛,就任新组建的日军第八方面军司令官。刚到拉包尔,瓜岛海战失利的消息就送到了他的办公桌上。看来海军一时半会儿是指望不上了,他希望瓜岛的日军仍有粮草度日,待海军休整一段时间再派出运输舰队。于是,今村立即致电第十七军团司令百武晴吉,要求他们忍辱负重,并保证马上向岛上运送援军和补给。

根据日军大本营新的作战方针,第十七军团的任务是坚决顶住美军的反攻,固守现有阵地,为下一次总攻创造条件。此时,与日军对峙的美军比较平静,其行动尚未对岛上的日军构成严重威胁,饥饿成了瓜岛日军的大敌。此时,日军对瓜岛部队的补给只能维持定量的1/5到1/3。由于长期补给不足,岛上官兵的体力消耗殆尽,战斗力极弱。日军舰队不再进入瓜岛海域,仅利用暗夜谨慎地进行"东京快车"式的补给,远远不能满足前线需要,瓜岛日军难以摆脱困境。

与日军情况截然相反,瓜岛的美军越战越强。尼米兹认为海军陆战队第一师已完成使命,该换防了。他和西南太平洋战区盟军司令麦克阿瑟商量后,决定派陆军第二十五师师长亚历山大·帕奇陆军少将接替机场防务。瓜岛争夺战的英雄范德格里夫特载誉而归,他后来荣升海军中将,就任美海军陆战队总司令。

11月29日傍晚,美军南太平洋舰队和地区司令部通过破译的日军电码,获悉有一列"东京快车"开往瓜岛,第六十七特混编队当即出动。23时,特混编队由圣埃斯皮里图岛缓缓出航,准备阻击这支日军舰队。

这天夜里，阴云密布，天空漆黑，海面风平浪静。美军第六十七特混编队11艘战舰进行"灯火管制"，以防备日军潜艇的袭击，舰队以28节航速穿过遍布水雷的航道。舰队刚刚起航，努美阿基地便发来情报："一支日军驱逐舰队可能在30日夜晚抵达铁底湾。"这时，美军第六十七特混编队司令赖特着急起来，圣埃斯皮里图岛离瓜岛尚有680海里，时间紧迫，必须抄近路赶在前面截击"东京快车"。赖特率领舰队经印迪斯彭萨布尔海峡直奔铁底湾。

就在美军舰队全力驶向铁底湾时，田中率领的"东京快车"开出布干维尔群岛的布纳港。田中坐镇旗舰"长波号"，率8艘驱逐舰，驶进暮色苍茫的布干维尔海面。舰队看上去很滑稽，它不但装载少量增援部队，还拖着1000多个浮桶（装食品的容器）。每艘驱逐舰像拖着一条长长的辫子，在汹涌的波涛中摇来摆去。为避开美军侦察机，田中一直向东疾进，绕过龙卡多尔礁向南航行，暗暗接近铁底湾。

田中早已做好准备，一旦遇上美舰，4艘驱逐舰将砍断浮桶上的绳索，甩掉"辫子"迎击美军，掩护另外4艘驱逐舰强行卸载。田中担心暴露行踪，整整一夜都没有睡觉。直到30日上午10时，一切平安无事。

田中悬着的心终于可以略微放松一下了，正在这时突然飞来一架美侦察机。随后，海面风起云涌，大浪滔天，云层压得很低，闪电和雷声划破云层。大雨将至，美飞行员顾不得攻击日舰，拍完电报返回基地避雨去了。田中刚放下的心，又悬了起来，以为暴露了行踪，赶紧转向躲进云雨里。恶劣的气候帮助了日军，美第六十七特混编队的无线电台受雷电干扰，接收不到侦察机发来的情报。田中在大雨中躲了一会儿，未发现其他的美机，便掉转航向，继续按原定路线驶往铁底湾。

◎ 绝非必要，不许暴露目标

11 月 30 日晨，潜伏在日军布纳港的一名美军情报人员计算港内日舰桅杆数目时，发现大约少了 7 艘驱逐舰，他立即将这一情况报告给美军舰队。

30 日夜 22 时 25 分，美军第六十七特混编队驶过伦招水道，由萨沃岛北面进入铁底湾。4 艘驱逐舰"弗莱彻号""帕金斯号""莫利号""普雷斯顿号"担任前卫，5 艘巡洋舰"明尼阿波利斯号""新奥尔良号""彭萨科拉号""檀香山号""诺斯安普敦号"居中，2 艘驱逐舰"拉姆森号""拉德森号"断后。按原定计划，前卫群进行早期预警，先前降落在图拉吉港的水上飞机没发回敌情报告，致使赖特没有及时发现逼近的日军舰队。

30 日 22 时 45 分，日军驱逐舰列成单纵队由萨沃岛西面驶入铁底湾。雨停了，乌云仍笼罩着海面，几十米外什么都看不清。田中派出驱逐舰"高波号"驶往左前方担任警戒，旗舰"长波号"冲在前面，驱逐舰"卷波号""亲潮号""黑潮号""阳炎号""江风号""凉风号"紧随其后。当舰队接近塔萨法朗加角时，确信附近没有可疑情况，8艘战舰分散开来，向岸上接应的陆军发出信号，看到篝火后开始投放浮桶。

30日夜23时6分，美军第六十七特混编队旗舰"明尼阿波利斯号"雷达发出警报："发现敌军舰队！"美舰立即拉响战斗警报，向右转向40度成单纵队应战。赖特不放心，怕碰到从图拉吉港驶出的巡逻舰，造成误伤，跑到雷达室观察敌情。从荧光屏上可以看出，一支舰队正在向东南方向航行。赖特不再犹豫，命令先头驱逐舰发动鱼雷攻击。

美军雷达发现的这支舰队正是日舰编队，最前面的是驱逐舰"高波号"，这艘驱逐舰同时也发现了美舰编队，并打亮信号灯发出警报。然而，黑夜中雾气弥漫，旗舰"长波号"没有看到警报，耽误了几分钟后才得到确切消息，敌人近在咫尺，只能仓促迎战。

30日夜23时16分，美军驱逐舰"弗莱彻号"发现一艘日驱逐舰，舰长科尔中校清楚地看到日舰信号灯的闪光，请求允许发射鱼雷。由于海岸和山影的干扰，旗舰的雷达荧光屏图像模糊不清，赖特认为双方相距较远，匆忙发射鱼雷把握性不大，反倒打草惊蛇，所以迟迟没有下达进攻命令。

"弗莱彻号"鱼雷官急得火冒三丈，科尔中校打破无线电沉默解释说，他的战舰正处于鱼雷攻击的最好时机，否则就要和日舰相撞了。赖特仍然迟疑不决，他详细询问了其他3艘驱逐舰的情况，才让前卫群发起攻击。两支舰队高速对开，在美军犹豫不决的几分钟内，日驱逐舰"高波号"风驰电掣般的驶过"弗莱彻号"左侧。如此一来，反倒对日军有利了。日舰同样没接到指示，不敢贸然开火。两艘敌对的战舰擦肩而过，炮手瞪大眼睛看着对方，并伸出拳头相互示威，不清楚各自的长官为什么不下令开火。

良机瞬间丧失，科尔中校捶胸顿足，"东京快车"闪电般驶过，待美前卫群转过身来，双方距离已经拉开。"弗莱彻号"首先打出 10 枚鱼雷，紧跟其后的第二艘驱逐舰"帕金斯号"打出 8 枚鱼雷，第三艘驱逐舰"莫利号"没找到目标，第四艘驱逐舰"普雷斯顿号"打出两枚鱼雷。美军发射鱼雷没有一颗击中目标。

到了这个时候，日舰仍然没有反应，赖特将军抓起无线电话喊道："炮击，开始炮击！"随即，赖特所在的旗舰"明尼阿波利斯号"率先打出照明弹，向一艘距离最近的日舰开火。其他巡洋舰也打出照明弹，开始猛烈炮击。4艘驱逐舰不甘落后，掉转炮口加入炮战，天空挂满闪闪烁烁的照明弹，铁底湾一下子亮如白昼。

此时，田中的旗舰"长波号"正在放浮桶，瞭望哨突然喊道："发现敌军舰队！"继而又看到数枚鱼雷袭来。田中猝不及防，顿时感觉大祸临头。炮弹的爆炸声震耳欲聋，两枚鱼雷径直射来。"长波号"上的水手乱作一团，惊恐地抱着脑袋，闭上眼睛等着爆炸巨响。田中冷峻地盯住鱼雷，准备与战舰共存亡。参谋们见将军视死如归，也站在他身边纹丝不动。

正在这时，奇迹发生了。

两枚近在咫尺的鱼雷突然停止了窜动，缓缓沉入海底。"长波号"水兵们发出欢呼："美国佬的鱼雷自动沉没啦！"

田中大难不死，赶紧询问其他战舰情况，得到的结果是 7 艘驱逐舰丝毫未损。此时，美舰炮火的闪光暴露了自己的位置，正好成了反击的目标。瞭望哨报告："发现敌巡洋舰 5 艘、驱逐舰 4 艘。"田中马上命令各舰："高速接近美舰，随时准备鱼雷攻击！"

"美国佬向我开炮，可否还击？"冲在最前面的"高波号"请示。

"除非有必要，不许暴露目标。"田中发出指示。

"长官，我们正在甩掉浮桶，受到鱼雷攻击后怎么办？""卷波号"请示。

"敌我实力悬殊，不得恋战，撤退！"田中当即指示。

◎ 可怕的鱼雷攻击

日舰冒着密集的炮火穿越冲天巨浪，高速接近目标施放鱼雷。"高波号"掉头最早，它冲破美驱逐舰的拦截，迫不及待地向一艘美军巡洋舰发射鱼雷。美舰雷达的荧光屏上显示出"高波号"的位置。美军巡洋舰躲过鱼雷，集中火力阻击这艘单枪匹马的驱逐舰。"高波号"左冲右突，万不得已开炮自卫，单薄的火力即刻成为众矢之的，美军不用雷达就能瞄准目标。

日军"高波号"中弹10余枚，舰面火球冲天而起，官兵伤亡惨重。然而，日军夜战训练有素，仍然能顽强地开炮还击。美军"明尼阿波利斯号"开足马力追了上去，打得日舰遍体鳞伤。"高波号"歪歪斜斜逃离战场，早已无力自救，在逃亡中沉入海底。

紧随"高波号"之后，日军旗舰"长波号"一马当先向美舰队打出8枚鱼雷，然后向左后方紧急转向，躲避美舰炮火。美巡洋舰"新奥尔良号""彭萨科拉号""檀香山号""诺思安普敦号"立即开火，截住"东京快车"。如雨点般密集的炮弹在日舰前后左右纷纷落下。令赖特百思不解的是，除"高波号"拼死还击外，其他日舰一直保持沉默，他怀疑对方是一支运输舰队。赖特要求后卫驱逐舰跟上，不放走一艘日舰。一时间，美舰争先恐后，蜂拥而上，正好进入日舰发射鱼雷的扇面。

田中见到美国人终于上钩，暗自欢喜，催促各舰发射鱼雷。旗舰"长波号"转向撤退之际，一口气打出所有鱼雷。"卷波号""亲潮号""黑潮号""江风号""凉风号"动作慢了一点，它们在急驶中看到岸上的篝火，甩掉浮桶后立即转向，不失时机地发射出鱼雷。队列中只有"阳炎号"出了岔子，没能及时砍断拖着浮桶的绳索，错过发射鱼雷的大好时机。几十枚"长矛"式远程鱼雷劈波斩浪，直扑美舰。

可怕的鱼雷

美军第六十七特混编队旗舰"明尼阿波利斯号"进行多次齐射，欢声四起，水兵们看到日舰"高波号"爆炸沉没，继而射击另一艘日舰。巡洋舰"新奥尔良号"也打出多次齐射。巡洋舰"彭萨科拉"号雷达性能不好，很长时间才捕捉到目标，待它开炮时，日舰已经迅速撤离。美军后卫驱逐舰"拉姆森号""拉德森号"插上来，雷达搜索没发现攻击目标。"拉姆森号"舰长在望远镜里看到美巡洋舰万炮齐鸣，却不见日舰踪影。一个值班军官指着远处一两点闪光说那肯定是一艘日舰，请求允许他开炮射击。

舰长问："如果是敌舰，它为什么不还击？"

值班军官答："日本人可能发明了一种不发光的火药。"

舰长将信将疑，不管怎么猜测，还是开火了。

30日23时27分，美军第六十七特混编队旗舰"明尼阿波利斯号"的瞭望哨突然发现近在咫尺的两枚鱼雷："鱼雷，两枚鱼雷……"喊声未落，鱼雷已经冲到跟前，舰身跟着跳了起来，随即发生一阵山崩地裂般的大爆炸，熊熊烈焰笼罩了整个舰面。正在舰桥上指挥战斗的赖特中弹受伤，"明尼阿波利斯号"至死不退，带着大火向日舰频频发动进攻。

"新奥尔良号"紧随其后，满舵右转以免相撞，舰长看到一枚鱼雷迎面而来，再次转舵规避，为时已晚。鱼雷钻进左舷舰首，不偏不倚在两个弹药舱中间爆炸，引爆弹药舱里储存的炮弹，连续的爆炸惊天动地。"新奥尔良号"上的大炮都被炸毁，航速很快降至5节，随即完全丧失了战斗力。

转眼之间，正在对"东京快车"穷追猛打的美舰编队损失惨重，两艘巡洋舰身负重伤，指挥官非死即伤。田中见两艘美舰燃起大火，准备掉头炮击。这时，几架美水上飞机飞临日军驱逐舰上空，田中只好打消念头。

美军纵队第三艘巡洋舰"彭萨科拉号"看见前面的战舰突然右转，立刻紧急向左转向，躲开"新奥尔良号"，驶近燃烧的美舰和日舰之间，暴露出自己庞大的舰体。刚刚甩掉浮桶的日驱逐舰"阳炎号"立即打出全部鱼雷，一枚鱼雷命中"彭萨科拉号"左舷机舱，炸出了个大窟窿。海水立刻涌了进去，"彭萨科拉号"航速降至 8 节，丧失了进攻能力。

美军纵队第四艘巡洋舰"檀香山号"距离"彭萨科拉号"较远，舰长提斯德尔海军少将见前面友舰受挫，亲自操舵，躲开迎面袭来的鱼雷。他顾不上集结起后面的战舰，便以 30 节的高速冲向撤退的日舰，用猛烈的炮火掩护受伤的旗舰，让其他舰只腾出手来救援。

美军"诺思安普敦号"最倒霉，这艘纵队中最后一艘巡洋舰，为躲避前面 3 艘受伤的友舰，左转右拐，燃烧的大火照亮了舰体。日军驱逐舰"亲潮号"趁机向它发射鱼雷，两枚鱼雷命中左舷，随即发生猛烈爆炸。海水如潮水一般从左舷涌进，舰身急剧倾斜，舰尾跟着下沉。尽管官兵们奋力堵塞漏洞，仍无济于事。舰长最终忍痛宣布降旗弃舰，官兵们纷纷跳海逃生。"檀香山号"上的官兵看到"诺斯安普敦号"沉没，不禁泪流满面。提斯德尔派出救生艇，抢救落水的士兵，随后单枪匹马驶往萨沃岛海域，追击日军舰队。

美军驱逐舰"拉姆森号""拉德森号"追击逃跑的日舰编队。3 艘受伤的美军巡洋舰仍在坚持炮击，炮手们打红了眼，发现前面有两艘战舰，劈头盖脸一阵猛轰。"拉姆森号"忙于进攻，不料身后炮弹连连打来。舰长急忙拿起无线电话呼叫："不要自相残杀！"

然而，炮火仍然不断，"拉德森号"身中一弹。舰长这才有所醒悟，旗舰已经受伤，接收不到电报了。"拉姆森号"和"拉德森号"立即打开战斗识别灯，开足马力躲避己方的炮火，驶离战场。就在这个时候，"拉姆森号"上的瞭望哨报告："前方发现日本人设置的大量浮雷！"舰长大惑不解，日军在如此开阔的海域布雷，无异于海底捞针。他转念一想，要是跟在后面的友舰不能及时察觉，将有可能酿成大祸，于是小心翼翼靠近雷区，准备排雷。

此时，海面刮起大风，乌云随风而逝。"拉姆森号"舰长顺着月光望去，一条条长蛇似的"水雷"随波漂浮。美舰放下小艇，排雷水兵心惊胆战地打捞起一枚"水雷"，啼笑皆非："报告舰长，这不是水雷！"

"是什么？"

"铁桶。"水手长回答。

"里面是什么东西？"舰长不可思议地问。

"装的都是粮食。"

原来"东京快车"是用这种办法运送给养，舰长向巡洋舰"檀香山号"报告，要求摧毁漂浮在海面上的浮桶。

田中见已经甩掉追击的美舰，于是命令驱逐舰"阳炎号""黑潮号"返回救援已经受伤的"高波号"。两艘驱逐舰趁乱接近燃烧的美舰，企图击沉美旗舰"明尼阿波利斯号"。"檀香山号"及时发现日舰的企图，立即展开还击，以强大的炮火阻击日舰。无能为力的日舰只得放弃正在沉没的"高波号"匆忙离去。

隆加湾海战是瓜岛争夺战中日军处在战略失败已成定局的情况下，在战术上取得胜利的一次海战。然而，田中并未完成任务，所带的铁桶没有一个被送到瓜岛即将饿死的日军手里。

至此，日军通过海上向瓜岛运送补给的运输线被彻底切断，瓜岛上的日军顿时陷入绝境。

第七章

日军攻势耗尽

百武听完后，长时间没有说话，他无法接受撤退的事实，日本陆军一向把荣誉看得重于生命，视退却为奇耻大辱。他坐在一张简陋的办公桌前，闭目沉思……

◎ 是撤，还是战？

在瓜岛视察的辻政信于 12 月底辗转返回东京的日军参谋本部，汇报瓜岛战况。辻政信是一个战争狂人，他认为日军要想打赢瓜岛战役，关键在于大力增援。此时，日本国力锐减，前线多处告急，大规模增援瓜岛显然是不可能的。参谋本部对辻政信的话将信将疑，经过研究，参谋本部派作战课的井本雄男中佐作为前线特派观察员，赴瓜岛前线了解实情。

井本毕业于日本陆军大学，去瓜岛前，他曾仔细研究了该地的局势，认为辻政信的判断是错误的。日军应该立即撤退，不要为了所谓"面子"将力量消耗殆尽。为此，在飞往拉包尔的途中，他首先拜访了陆军大学时的教官、联合舰队参谋长宇垣缠，想听听他的意见。

作为参与瓜岛战役的海军高级军官，宇垣缠同联合舰队司令山本五十六一样，早就对瓜岛战役失去信心。对于这个敏感问题，宇垣缠不好明说，只能委婉地暗示井本，海军拿不出更多的战舰与美军硬拼，制空权掌握在美军手里，运输舰队通过封锁线将非常困难。

井本听了宇垣缠的话后，心领神会海军是赞同主动撤退的，关键是不想承担失败的责任。

井本随即拜访了第八方面军司令今村均。今村对南太平洋战区这个"烂摊子"有苦难言，但一提到撤退问题，他保持了沉默。尽管今村没有明确表态从瓜岛撤军，但井本从他无可奈何的神情已经觉察到瓜岛岌岌可危，唯一的办法是撤退。他在特鲁克岛登机时，已经下决心向东京反映前线指挥官的真实想法。

井本在瓜岛前线视察期间，瓜岛是撤是战的争论在东京激烈展开。日军瓜岛战事每况愈下，主张撤军的呼声越来越高。大家在背地里议论纷纷，但是都怕承担失败的责任，谁都不敢公开表达自己的意见。日本首相东条英机的首席军事顾问、陆军省军务局长佐藤少将就是其中之一。如果继续在瓜岛作战，就要增添 62 万船舶吨位，以日本当前的国力简直是天方夜谭。

日本的战线遍及整个亚洲大陆，急需大量钢铁维持战争。东条大伤脑筋，他曾求助于希特勒，想请德国援助 50 万船舶吨位和 100 万吨钢材，以解燃眉之急。然而，此时的希特勒如热锅上的蚂蚁，自顾不暇，只能给东条 1 万吨特殊钢材。

日本陆军素有"下克上"的传统，搞不好会出乱子。参谋本部一向相对独立，内阁要员大部分都从那儿来的。东条进退维谷，却不愿干预军方的事情，想来想去，他对佐藤说："佐藤君，这你也是知道的，要撤退是非常困难的……"

"如果阁下同意，"佐藤说，"我可以去做工作。"

"一定要妥善从事，千万别激怒参谋本部。"东条顾虑重重。

"放心，我不提撤军的事，按原计划拨给陆军船舶吨位，迫使他们自己觉悟。"

东条最终答应总共拨给海、陆军船舶29万吨位。这距离参谋本部的要求相差甚远。对此，参谋本部勃然大怒，坚决要求政府追加船舶吨位，否则将发动倒阁行动。

12月3日，田中率领10艘驱逐舰，拖着1500个浮桶驶出肖特兰港。不料舰队刚刚出发，就被美军情报人员发现。瓜岛的美军航空队马上派出15架"无畏"式俯冲轰炸机前往阻截。

3日下午，在田中的"东京快车"驶进瓜岛海峡前，就有一架美侦察机远远地跟在后面。日舰舰炮够不着美机，又甩不掉尾巴。田中预料大批美机一会儿就要来到，要求护航日机赶跑美侦察机。他指挥舰队高速前进，力争天黑前驶出海峡。

黄昏时分，日舰编队接近海峡出口，田中仍未遭到美机截击，于是大大松了一口气。那架被日机追赶的美侦察机，慌乱中报错方位，瓜岛的航空队飞过了头。美机兜了个大圈子，反过头来追上日舰，油箱里的燃油所剩无几，15架轰炸机还是毫不犹豫地俯冲下来，围追堵截四下散开的日舰。护航的日军战斗机被跟在后面的美战斗机咬住，双方展开激战。好在海峡出口水域开阔，日舰有充分的余地左右周旋，用猛烈的炮火射击呼啸而下的美轰炸机。

此时，海峡炸开了锅，高速躲避炸弹的日舰拖着长长的浮桶甩来甩去，犹如兴风作浪的长龙，在炸弹击起的波峰浪谷中翻腾。田中看到拖着浮桶的驱逐舰行动不便，再这样周旋下去肯定会吃亏的，于是急令日机火速支援。

4架日战斗机突破美军战斗机阻截，冲近美轰炸机猛烈开火。日舰上的水兵欢呼起来，2架美轰炸机中弹起火，拖着浓烟栽进大海。受到干扰的美机投出去不少炸弹，但没有一个命中目标。

夜幕降临，美机只得收兵返航。一场恶战后，田中的舰队没受一点儿损伤，10艘战舰排成一列纵队，继续乘风破浪南下。

行进中的舰队

◎ 为粮死战

　　午夜时分，杉田和小泽再次来到塔萨法朗加角，准备接应"东京快车"。这一次来了很多人，附近丛林里站满了人。他们个个望眼欲穿，焦躁地等待着。杉田粗略地估计了一下，起码有六七百人。临出发前上司叮嘱他说："这次务必弄到一些粮食，司令长官也快断粮了！"小泽塞给杉田一块黑乎乎的东西。

　　"什么？"杉田莫名其妙。

　　"水耗子，我从鳄鱼嘴里夺来的，"小泽遗憾地吧嗒着嘴巴，"我捅了它一刺刀，还是跑了，可惜不敢开枪，要不我们就有肉吃了！"

　　瓜岛上的日军已经断粮好几天了。杉田吃过青蛇、四脚蛇，但从未吃过老鼠，他感到一阵恶心，差点吐出来，还是硬着头皮将鼠肉咽了下去。他明白填不饱肚子，就没有力气和风浪搏斗。吃过食物，杉田软绵绵的身体像充过电一样，有了不少力气。

大海深处的"东京快车"亮起信号灯，岸上点起预定的篝火，杉田暗暗祈祷千万不要遭遇美舰。没有惊喜，没有欢呼，一只只小船悄无声息地推进水里，士兵们扒掉破烂的衣衫，赤条条地跳上小船，争先恐后地向铁桶划去。

杉田与小泽的小船在大浪中起伏颠簸，没有抢上小船的士兵，站在岸边低低地催促："快点，下一次让我们上！"船上的人头都不回，拼命冲向驱逐舰。十几艘小船像比赛一般，你追我赶，朝着目标冲刺。驱逐舰上的信号灯闪个不停："我们已经完成任务，祝你们成功。"之后便匆匆地调头返航了。

"妈的，连敌人的影子都没有，又跑了。"小泽恨恨地说。

"乌鸦嘴，别找不自在，美国佬来了看你怎么办！"杉田抓住一串浮动的绳索，往回划。

小船掉过头，拖着长长的铁桶，吃力地向海岸划去。杉田扫了周围一眼，其他小船可没他们顺利，仍在大浪中拼命挣扎，艰难地靠近漂浮不定的浮桶。

"快，快，一定要快！"岸上的人急得大喊起来。突然，杉田听到头顶传来嗡嗡声。"敌机！"黑暗中有人惊恐地喊道。话音未落，天上就挂满了耀眼的照明弹。美轰炸机从稀疏的云层里俯冲下来，黑乎乎的炸弹落在小船周围，爆炸声震耳欲聋。10余架美机肆无忌惮地盘旋轰炸，落在后面的几条小船中弹，化为碎片抛上半空，拖拽的浮桶也被炸飞起来，与残肢断臂一起落入海中。一架飞机向杉田俯冲下来，小泽大喊："快跳水！"

没等船上的人反应过来，呼啸的炸弹便落了下来，纷纷在身边爆炸，击起的浪山掀翻了小船。杉田沉入水底，接连喝了几口海水。等他钻出水面，小船已经沉没了。

"长官……"小泽气喘吁吁地游到杉田身边，递上一个东西。

"救浮桶！"杉田一时没听清楚。

杉田看到，不远处有一个被炸开的铁桶，半沉半浮。几个浮出水面的士兵，正抓着生米往口里塞，而小泽的口里也含着大米。

"混蛋！"杉田大吼一声，奋力朝一串浮桶游去，"把它拖上岸去。"

小泽露出奇怪的微笑，仍旧往嘴里塞大米。

"小泽，我命令你……"一个大浪淹没杉田的吼声，他钻出浪头，刚想骂，却被眼前的景象惊呆了。浪峰托起小泽的身体，一条腿炸没了，鲜血染红了身边的海水。

"死……也落个饱死鬼……"小泽断断续续地说。

"挺住，我来救你。"杉田拼命扑过去，拉起他准备上岸。这时，美机再次掠过头顶。"不用了……抢粮食……"小泽猛地一翻身，压住杉田。一颗炸弹爆炸，小泽的身体飞上浪峰，接着又沉入浪谷。小泽被浪头冲走了，杉田定了定神，昏昏沉沉地抓住绳索，拖起浮桶向岸上游去。

岸上急不可耐的士兵，不顾炸弹发疯般冲到海里，接过靠近的浮桶，七手八脚抬上岸去。

无数只干枯的手伸向炸坏的桶里，抓起粮食便往嘴里塞。美机一颗炸弹就能炸死一群挤成一团的人。炸弹铺天盖地，岸上血肉横飞，到处是大团大团爆炸的火焰，到处是裸露的尸体和白花花的大米，空气里布满肉体烧灼的焦糊味。十几只小船全部被炸沉，爬上海滩的杉田不敢再看下去。

这天夜里，田中虽卸下1500个浮桶，而瓜岛的日军拼尽血本，损失300多人才抢回310桶补给食品，其余为美机摧毁。田中成功地投放过浮桶，一帆风顺地返回基地，信心大增。后来，日军"东京列车"第三次启程。经过多次战斗，美军已经找到了制敌对策，他们只派出20多架轰炸机封锁瓜岛海峡。美战斗机先行堵住护航的日战斗机，在远离日舰编队的上空拼搏厮杀。美轰炸机轻松达到目的，对拖着浮桶的驱逐舰疯狂轰炸。日舰唯恐遭到轰炸，仓皇转向逃跑，所带浮桶无一送到瓜岛的日军手中。

这一天，美军一架巡逻的侦察机路过蒙达岛，发现大批停泊的日运输舰只。他降低高度观察，遭到椰林中高射炮火的射击。飞行员及时把情况反映给南太平洋舰队和地区司令部。一个轰炸机中队再次飞临蒙达岛侦察，同样遭到高射炮火的拦截。美机强行俯冲投弹，炸毁机场上的伪装网。新建的房屋和未竣工的跑道暴露无遗，没等从拉包尔起飞的日战斗机赶来，美飞行员已完成了空中拍照的任务，顺利返航。

得知日军在瓜岛附近正在建造新的机场，太平洋舰队和地区司令哈尔西震惊不已。假如日军的蒙达岛机场建成，瓜岛的亨德森机场危在旦夕不说，美海上运输线也将被切断。因此，决不能让日军的阴谋得逞，一定要抢先下手，摧毁兴建中的日军机场。

◎ 严密封锁

12 月 6 日清晨，雾气蒙蒙，能见度很差。美军"仙人掌航空队"首次飞临蒙达机场上空，日军即以凶猛的高射炮火应战，迫使投弹的美军飞行员不能准确命中目标，所以轰炸并没起多大破坏作用，日军工兵照旧争分夺秒地施工。

12 月 7 日，田中坐镇旗舰"照月号"，率 8 艘驱逐舰拖 1200 个浮桶，第四次驶往瓜岛。田中汲取上次失败的教训，采取声东击西的策略，把投放地点改在埃斯阳恩斯角，让美军防不胜防。这一天，阴云密布，大雨倾盆，美机无法在恶劣的气候里出动。日舰顺利驶过瓜岛海峡，于午夜在埃斯帕恩斯角投下铁桶。

田中准备返航。

然而，在日军舰队转身的时候，美军鱼雷快艇突然出现，并毫不迟疑地发射出鱼雷，一枚鱼雷恰巧命中旗舰"照月号"弹药舱，大爆炸将舰桥上的指挥官都掀下海去。田中头部中了一块弹片，血流满面。他浮出水面惊骇地看到，"照月号"已经断为两截，正在巨大的漩涡中可怜地挣扎。一个参谋架住受伤的田中，大声向其他人员求救。日舰慌忙打捞起田中和几个军官，狼狈不堪地逃出危险海域。美军打开探照灯，击碎一串串漂浮的浮桶，气得岸上的日军破口大骂。

12月8日，美军从圣埃斯皮里图岛起飞的18架B-17"空中堡垒"式轰炸机，对蒙达机场进行了卓有成效的打击。成吨成吨的重磅炸弹落在跑道上，炸起一片火海，日军工兵不得已改在夜间突击施工。

12月9日美国海军陆战队第一师官兵经过4个月魔鬼般的煎熬，终于和陆军第二十五师换防，并撤至澳大利亚进行休整。该师在后来夺取日本本土冲绳岛的攻坚战中战功卓著。直到战争结束，日军一听说"瓜岛屠夫"到来，无不闻风丧胆。

帕奇接管亨德森机场后，依旧被百武晴吉的虚张声势所迷惑。他向哈尔西报告，据侦察的各种迹象表明，日军可能再次发动一次疯狂进攻。他建议主动进攻日军外围阵地，把战线推到日军一边，消灭日本人的有生力量。南太平洋部队和地区司令哈尔西同意帕奇的想法，同时叮嘱他不要走得太远，逐步拿下直接威胁机场周围的日军阵地。于是，帕奇开始筹备夺取奥斯腾山等目标的作战计划。

美军日夜严密封锁瓜岛海域，甚至连一只海鸥都逃不过美飞行员的眼睛。日军第八方面军司令今村均为解瓜岛日军的燃眉之急，派出陆军飞机空投粮食。然而，长途运输的日机尚未飞抵目的地，即遭美机拦阻，经常有去无回。日机慌乱中投下的粮食，大部分降落伞飘入美军阵地，或被亨德森机场高射炮摧毁。这样一来，驻守瓜岛的日军就陷入了灭顶之灾。

身体强壮的日军靠草根尚难度日，而那些断腿缺臂的伤员，又得不到奇缺的药品治疗。军医只得用海水治疗化脓的伤口，眼看着伤员一点点咽气。岛上疾病蔓延，恶臭扑鼻，身体虚弱的人更容易染上疟疾和痢疾。伤病员成批成批倒下，横七竖八地躺在营房里、阵地上，用尽最后一丝气力要东西吃。哪怕有人往嘴里塞一口野菜，他们就能心满意足地闭上眼睛。一名瓜岛的生还者在战地日记中描写当时的悲惨情景："11月25日：不见天日的战友与日骤增，他们永远告别人世，饿死的士兵都在夜晚上天堂了。难道是神秘的黑夜吞噬了生灵？11月26日：一大清早，敌人又发动了攻势……下午，大家一边晒太阳，一边抓跳蚤。最近，山上的四脚蛇明显减少……在这里，它是唯一的佳肴。11月27日：一星期才拉一次屎，像山羊粪球！今天，再也拉不出来了。挣扎着去挖野菜，准备一天的食物……"

今村均立即把瓜岛的情况反映给大本营，希望得到更多增援。然而，此时的日军大本营也面临着重重困难，如果答应今村，起码要再追加37万吨物资。而把这些物资从本土运往所罗门群岛，势必征用民用船只。大本营不同意这样做，参谋本部指责："我们不给他船舶运送兵源和物资，他拿什么去打美国人？"如此一来，增援问题很长时间都没有解决。

一位大本营的参谋在他的日记中写道："如今有这样一个印象，日本正处于兴亡的边缘，今村成功的希望究竟大不大呢？如果希望不大，应如何摆脱困境？大本营当慎重考虑，处理棘手局面。前进或者后退，走错一步都不可挽回……如果在瓜岛败北，我们肯定将在太平洋战争中失败。"

瓜岛上的日军第十七军团的处境愈来愈差，极度虚弱，第十七军团司令百武晴吉愤怒的电报接连不断。今村均像中转站一样将求援电报发往东京，但大多电文都是泥牛入海。为了维持瓜岛部队的战斗力，日军对确保物资补给这一当务之急倾注了最大努力。

12月13日，美军开始白天出动轰炸机，夜晚派出水上飞机，轰炸蒙达岛机场跑道，扫射日军营房。日本人派出大批战斗机掩护施工。到12月中旬，机场主体工程接近完工，日战斗机随即进驻蒙达机场。自此，日机不断从机场起飞，对亨德森机场进行轰炸，同时不断袭击过往的美军舰只。为此，哈尔西召开专门会议，分析形势，研究对策。为防止蒙达岛变成第二个瓜岛，哈尔西当机立断，对蒙达机场发起大规模轰炸。

轰炸中的战争场面

◎ 宁可玉碎，也不饿死

12月15日晚，日本首相东条英机迫于压力召开内阁紧急会议。会议同意给军队追加9.5万船舶吨位，军方对此仍不满意。会议刚刚结束，参谋次长田边盛武陆军中将打来电话命令军务局长佐藤到他的官邸做出解释。佐藤哪敢怠慢，硬着头皮来到田边的官邸。他一走进门厅，就听见屋里的人在破口大骂："都是军务局捣的鬼，佐藤来了我非揍他不可！"

佐藤进屋，发现七八个参谋本部的军官在喝酒，骂他的是作战部长田中新一陆军中将。佐藤向田边次长敬礼道："将军，我奉命前来解释。"

佐藤话音未落，屋里的人一起质问他："为什么和我们过不去？"

佐藤说："这是内阁的决定。"

"狡辩，纯粹是在狡辩！浑蛋！"田中摔碎酒杯狂吼道。

"田中君，你喝多了。"佐藤见势不妙，不想跟他理论，转身想走。

"站住！"田中拔出军刀，向佐藤扑来。

其他人赶忙拉住田中，夺下军刀，他挣脱阻拦，朝佐藤脸上重重打了一拳。佐藤奋起自卫，两位将军扭打在一起。这时，大家不再阻拦，反倒竭力为田中喝彩助威。佐藤瞅准机会推开田中，带着满脸血痕逃出了房间。

田中仍不解气，借着酒劲儿再度闯进陆军省次官木村平太郎家里，要求其追加船舶吨位。木村见田中醉了，好言劝他回去休息，答应一定面见东条英机，满足参谋本部的要求。田中本该见好就收，没想到次日早晨酒醒后又跑到内阁企画院总裁铃木贞一的家里无理取闹。铃木忍无可忍，让卫兵把他撵了出去。田中屡屡向日本内阁示威，闹得东条十分难堪。他让军务局通知参谋本部，内阁的决议不可改变，谁要再敢闹事，他决不手软。

日本陆军参谋总长杉山元大将得知消息后，知道如果不采取行动，政府就真的不会增加船舶吨位了。于是，杉山召开参谋本部各部部长会议，决定集体前往东条官邸，力谏东条改变主意。他怕田中控制不住自己，弄得不好收场，临行前叮嘱副官中村大佐说："如果作战部长再吵架，你就把他给我拉出去。"

夜晚，杉山元带领参谋本部的将领们来到首相官邸，强烈要求东条英机接见。门卫将众人领到一个房间里，佐藤和木村已接到通知赶来等候。田中和佐藤面对面盘坐在榻榻米上，狠狠瞪着对方，一声不吭。中村暗暗坐向田中身后，这样一旦两人发生争执便可将他拉走。东条为缓和紧张的气氛，身着和服接见了杉山元等人。

田中率先发言，口气咄咄逼人，代表参谋本部要求东条重新考虑他们的意见。东条冷静地拒绝了田中，要求大家从大局出发，支持内阁的决定。田中控制不住情绪，嗓门越来越高，他强硬地喊道："不支持我们，就是有意让瓜岛争夺战失败！"

"放肆！你有什么资格谴责内阁！"东条训斥道。

"内阁不称职，就该下台。"田中毫不示弱。

"出去，给我出去。"

"浑蛋！浑蛋！"

"你……敢骂上司！"东条霍地站起身来，"我命令你出去。"

杉山元见势不妙，忙朝中村使了个眼色。中村不由分说将田中架了出去。杉山元替部下道歉后，仍然坚持陈述自己的意见，会谈自然不欢而散。

参谋本部和内阁争吵不休，驻守瓜岛的日军第十七军团可就惨了。运输部队"东京快车"屡屡受挫，装有食品的铁桶运输仍然行不通，给养越来越难送上岛去。给养和援军迟迟不来，百武晴吉再也沉不住气了，亲自给东京打电报："早已断粮，官兵饿了很多天，无法抵挡敌人的攻势。第十七军团请求冲进敌阵，宁为玉碎，也不在掩体中饿死。"

12月17日，美军重炮猛轰日炮兵阵地，掩护一个营进攻奥斯腾山。美军沿途只碰到个别狙击手的阻击，且一触即溃，于是放心大胆地深入丛林。冈明之助派出穿插部队，利用熟悉的地形深入美军后方，打起了游击战。美海军陆战队第二师士兵缺乏丛林作战经验，深入丛林后犹如"盲人骑瞎马"。士兵们只看到炽热的子弹在空中呼啸而过，却不知道对手隐藏在什么地方，搞得美军疑神疑鬼，草木皆兵。日军穿插部队切断美军突击部队的补给线，冈明用猛烈的炮火挡住美军的正面攻击，穿插部队从后面包抄上来，打得美军溃不成军。一营美军死伤过半，他们在一处山坡上筑起临时防线，苦苦等待基地增援。

日军从四面八方发起冲锋，分割包围了大部分阵地，以局部的优势兵力各个击破。饿极了的日军士兵隐藏在大树、石头后面，打伤美军士兵时首先搜抢食品。日军包围了美军营部，乱枪打死了美军营长。冈明大佐重新集结起分散的部队，以风卷残云之势将残余的美军压制在一个山沟里。

美军瓜岛部队指挥官帕奇得知上述情况后，大惊失色，火速派出"仙人掌航空队"解救受困部队。美机飞临战场，击溃日军的进攻，迫使日军退去，然后投下成吨的炸弹，将山沟周围的丛林夷为平地。接踵而至的12架"无畏"式俯冲轰炸机投下一个营的兵力，救出被困美军，继而夺取了山坡上一个观察站。日军寸土不让，用猛烈的炮火阻击步步推进的美军士兵。美军伤亡惨重，不得不退出丛林。

军队退出丛林

◎ 美机遮天盖地

12 月 20 日黎明，美军 40 余架"劫掠者"式轰炸机在战斗机的掩护下，对蒙达岛机场进行第一波次攻击。美机遮天盖地而来。待日军瞭望哨拉响战斗警报，美军轰炸机已经从霞光里冲了出来。日军飞行员匆匆跑上机舱，冒着纷纷落地的炸弹仓促起飞，4 架战斗机刚刚飞离跑道，立刻就被如狼似虎的美战斗机包围，一通炮火打过，是机全部翻着跟头栽下大海。

美军的突袭战绩显著，投出的炸弹几乎把机场掀了个底朝天。大部分日军的高射炮手没有进入阵地，这使得美机得以轻松突破稀疏的防空火网，炸毁跑道上的 10 架日军战斗机，接着又开始轰炸停机坪上待飞的战斗机。美军战斗机无事可干，便俯冲盘旋扫射炮兵阵地。睡眼惺忪的炮手，未及清醒便一命呜呼了。蒙达机场硝烟滚滚，天摇地动，停机坪上的 12 架飞机顿时化作碎片飞上天空。美军第一波次攻击队大获成功，击落炸毁日机 26 架，只有隐藏在伪装网下的 8 架战斗机幸免于难。

美军第一波次攻击队退去，蒙达机场上的日军地勤人员推开跑道上的飞机残骸，以便让伪装网下的战斗机能够顺利升空。凄厉的防空警报再次响了起来，美第二波次攻击队跟着出现在头顶，日军只得重新拉上伪装网，躲进防空洞。

美军第二波次攻击队"隆隆"飞来，见机场上一片火海，所有的地面目标均已炸毁，转而攻击驶抵该岛的十几艘驳船。满载货物的驳船见势不妙，慌忙掉头四散逃跑。美机围追堵截，俯冲轰炸，很快就击沉了10余艘驳船。幸而从拉包尔起飞的日战斗机到来，才救下残余的驳船。

20日黄昏时分，从圣埃斯皮里图岛起飞的美军"空中堡垒"式轰炸机，第三次空袭了蒙达机场。美军飞行员找不到攻击目标，对跑道狂轰滥炸一番，扬长而去。

12月21日，田中指挥"东京快车"再次实施密封铁桶的运输，将1200个装有多种补给品的铁桶投放在埃斯帕恩斯角附近海面，但随即遭到美军飞机轰炸。岛上日军仅捞起100多个铁桶，其余全部被炸毁。经过3个星期的阻截，岛上日军没得到一点增援物资。

一个幸存的日军士兵在日记里写下了这样可怕的经历："12月8日，米早已吃完，就算椰子也快没有了；12月23日，很久以来，我们的飞机一架也看不到，敌人的飞机天天在空中盘旋、低飞、扫射、投弹，大批官兵倒在地上，没有药品治疗；12月26日，在迎接新年的时候，我们没有食粮，伤病员在阴暗的帐篷里呻吟，每天都有人死去；12月27日早上，又有好几个战友上了天堂。尸体横七竖八，苍蝇嗡嗡作响，蜂拥而来。看来，我们已经达到肉体的'终极点'了。凡是苟且偷生的人，个个面无血色，头发好像婴儿一样，稀稀疏疏……瘦弱的人已经不成样子了。臃肿的人，更加膨松肿胀。就是牙齿也烂如泥巴，牙齿和充填的东西都掉了。"

伤亡的士兵

瓜岛上日军的大批伤病员躺在丛林中奄奄一息。赤日炎炎，数不清的尸体腐烂生蛆，绿头苍蝇嗡嗡飞。还有一口气的人无法动弹手臂，便大张着嘴巴，诱使苍蝇飞进口里，一下子咽进肚里，总算有了点东西吃。瓜岛上的日军陷入绝境，举国震惊，连日本人一贯重视的元旦，都是在惶惑不安中度过的。裕仁天皇在元旦祝词中特别提到了瓜岛的战况，他说："日本帝国在瓜岛的战争中遇到了非常大的困难。……在那里，日本和美国正在进行一场决定性的战争……"

12 月 25 日上午，美军两艘驱逐舰队驶进瓜岛海滩，从海上轰击岛上的日军。美军再次朝山顶发起进攻。日军躲在山洞里不敢出来，躲过舰炮轰击进入阵地。居高临下投出大批手榴弹，炸得美军人仰马翻，又一次击退了美军的进攻。双方进入僵持阶段。

同一天，日本海陆两军首脑在皇宫举行紧急会议，研究瓜岛战况。海军的代表是军令部总长永野修身，他的副手是伊藏次长，作战部长福留繁中将和富冈大佐；陆军的代表是参谋总长杉山元和到过瓜岛前线的辻政信。此时，陆海军对瓜岛的战局心知肚明，撤退已经不可避免了。然而，海军和陆军都不愿意最先提出来。会议刚开始，双方就争吵起来。

双方憋了半天，海军表示运输舰队无法通过海上封锁线增援瓜岛。陆军不同意海军的意见，要求他们把话说得明白些。

福留繁迟疑地说："那就在地图上进行一场战术演习，看看我们是否能够突破封锁？"

"别磨磨叽叽的，"辻政信嘲讽道，"海军不派护航舰队，运输舰怎么突破封锁？"

"我们的战舰有限，陆军应该理解。"

"海军是否竭尽全力，大家心里有数！"杉山元说。

"做图上演习好了，结果证明一切。"永野修身不想争论。

"我看没有必要，"辻政信顶撞道，"关键是赶快做出决定，解救岛上的部队，拖延一天意味着饿死一大批人。"

争论仍在继续。

辻政信控制不住自己的情绪，大发雷霆。他比会场上任何人都了解，拖延一天，对瓜岛即将饿死的官兵意味着什么。他挥动双臂喊道，海军应在紧急情况发生前，研究总的趋势。

辻政信继续发难："你们对战局了如指掌，却不采取任何措施。如果这样，你们还是辞职的好，驱逐舰我经常坐，遇到过大规模空袭。我在那里见到的所有海军指挥官都对我说，东京饭店（海军军令部）和大和饭店（联合舰队）的老爷们应到这里来看看我们该进攻哪里，这样也许他们就理解了。"

富冈无法忍受他对海军的侮辱，猛地站起来："你说什么？难道所有驱逐舰的舰长都是胆小鬼？请收回你的话。"

"你到过前线没有？"辻政信冷笑着指责道，"目前那边的情况你了解吗？"

陆军和海军双方代表互相指责对方要为瓜岛的局势负责。陆军说没有武器弹药和粮食给养怎么能打胜？你们把陆军送上岸，却不给武器、弹药和粮食，"这好比是把人送上屋顶，又抽走梯子。"

海军讽刺说，这样增援下去要到何年何月结束。陆军马上反击，如果有美军一半数量的物资给养，就能打赢，然而"到现在，我们只拿到百分之一"。

双方你来我往辩论个没完没了。

◎ 天皇同意撤军

12 月 26 日，一艘潜至蒙达岛海域的美军潜艇浮出水面侦察空袭结果。艇长发现附近海面停着不少日本船只，机场跑道仍然有飞机不断起落。

"这就是说，连续轰炸的效果并不理想，"哈尔西说，"必须出动舰队炮击蒙达机场了。"

"倘若日侦察机发现我们的动向，势必遭遇阻击。"参谋长布朗宁劝哈尔西三思而行。

"恐怕日军指挥官不会相信我们敢在他们飞机的战斗活动半径内露面！"哈尔西不以为然，"我们何不效仿敌人的'东京快车'于夜间出其不意打了就跑呢？"

"将军，你觉得这样怎么样？"布朗宁想出一个两全其美的主意，"10 天后，我们运送增援部队去瓜岛，护航舰队完成任务可驶往蒙达岛炮击机场。即使日军侦察机白天发现我军舰队也不一定判断出其夜晚的动向，这样一定能收到奇袭的效果。"

哈尔西经过反复斟酌后，采纳了参谋长布朗宁的计划，接连不断派出水上飞机飞临蒙达机场，投掷炸弹或照明弹骚扰日军，使其习以为常，并为即将开始的舰队炮击机场校射目标。第六十七特混编队负责袭击日军机场。

驻扎在蒙达机场的日第二十五航空战队司令长官山田察觉到美军空袭明显减少，他担心美国人有意施放烟幕，可能会出动舰队炮击蒙达机场。于是，山田要求海军给予支援。一位海军参谋问："最近几天情况怎么样？"

山田的参谋说："敌人频频出动飞机封锁海上运输线。"

海军参谋说："海军和空军掌握的情况差不多，我们都没有发现美舰有大规模活动的迹象。"

山田的参谋坚持己见，请海军立即做好准备，一旦发现美舰有活动迹象，予以坚决打击。这位海军参谋说，主力战舰回本土大修了，暂时抽不出多余的兵力。另外，蒙达机场已经进驻大量日机，美舰进攻蒙达机场等于是自取灭亡。

最终，海军并没有重视山田的意见，只要求第二十五航空战队严密封锁新乔治亚群岛海域。海军的判断似乎很准确，直至元旦过后，蒙达机场还是平安无事，除了几架前来骚扰的美军水上飞机，再没有发现什么新情况。山田逐渐大意起来，默认了海军的看法，认为美军迫于空中威慑不敢轻易出动舰队炮击蒙达机场。

12月29日，奉命前往瓜岛了解情况的井本雄男中佐送回一份报告。报告称，根据瓜岛前线情况，必须尽快把所有部队从瓜岛撤出，只有出现奇迹才能夺回该岛。井本的这份报告给了海军和陆军一个台阶下，海陆军趁机同意撤军。双方约定一起面见天皇，正式提出从瓜岛撤军的问题。

12 月 30 日，日本天皇裕仁主持召开御前会议。日军参谋总长杉山元和海军军令部总长永野修身首先汇报了瓜岛的战况并做了检讨。随后，日本首相东条英机送上撤退方案提请天皇圣裁。天皇没有理会，冷冷地把脸转向永野："朕想重复一下，美国人凭什么迫使我们撤退，好像是他们一直掌握着制空权？"

"是的，陛下。"永野答道。

"我们为什么不能夺回制空权？"

"海军航空战队缺少前进基地。"

"我们不会在附近岛屿重建一个机场吗？"

"这至少需要一两个月时间……"

"据朕所知，美国人只需要几天就能建好。"

永野一时语塞，急得汗都出来了。

裕仁天皇又问杉山："工兵部队不能改进施工速度吗？"

杉山一时不知如何回答。

天皇脸色如铁，等待两军总长的答复。

杉山无奈，道出个中原委："陛下，卑职只能表示遗憾，我们的机械设备有限，无法与美国人竞争。"

永野立即补充道："工兵大部分用人力施工。"

裕仁天皇对这个答案显然不高兴。他对瓜岛失败的原因整整盘问了两个小时，把永野和杉山弄得坐立不安。最后，天皇提高了本来就很高的声调，说："好吧，海陆两军都竭尽全力了，朕同意撤军。请你们尽最大努力完成撤军任务，绝对不允许再出现类似的失误。"

说完，裕仁天皇拂袖而去。

1943年1月，美军在瓜岛上已经将兵力增至5万多人，弹药如山，给养丰足，部队士气旺盛。而此时，日军在瓜岛只有不足2万人。瓜岛美军指挥官帕奇决定发起反攻，他决定首先进攻位于亨德森机场西南20公里的奥斯腾山，拔掉威胁亨德森机场的这颗钉子。驻扎在奥斯腾山的是日军冈明之助大佐率领的一个联队和一个炮兵中队。从山上可以俯瞰铁底湾和机场，观察美机起落和运输舰卸载。

1月2日黎明，美军发起第二次进攻奥斯腾山的战役。帕奇先让一三二团二营偷偷运动到歧阜东南待命，另以两个营的兵力从东面和北面猛攻。冈明之助忙于抗击美军的两路冲击，没想到还有一路人马由东南方向爬上山脊。

美军排山倒海般冲来，日军防线摇摇欲坠。冈明慌忙调过两门大炮，压低炮口进行平射。日军炮手几乎是在和美军士兵拼刺刀，连续猛烈的射击，震得耳朵都流出血来，仍然无法阻止美军怒潮股的攻势。幸亏日援军及时赶到，从东南方向美军的背后杀来。美军猝不及防，阵脚大乱。冈明拨出一部分兵力迅速增援，日军形成前后夹击之势，发起反冲锋。

美军从瓜岛亨德森机场紧急起飞20架"无畏"式俯冲轰炸机前去支援。凭借绝对空中优势，美军大批轰炸机用炸弹筑起铜墙铁壁，把日军阻挡在防线之外。战局急转直下，日军眼见得手，突然被炸得焦头烂额，压在地上抬不起头来。美军步步为营，和其他两路会师，就地构筑工事与日军相持。

1月4日，日本大本营正式下达了瓜岛撤军计划：

1. 火速做好现正在进行的进攻瓜达卡纳尔岛的作战准备，借以隐蔽撤退的企图。

2. 调整第十七军团的战线，将其收缩到后方要地。

3. 撤退前，继续用各种方式加强补给，保持驻瓜岛部队的战斗力，同时在运输补给时接走岛上的伤病员。海军承担运输补给和撤走伤病员的任务。

4. 陆、海军协同修整所罗门群岛的航空基地，随时推进航空兵力，增强对瓜岛的空中打击力量。

5. 结束上述航空作战，兼用尽可能多的舰艇和其他船舶，尽一切办法向后方要地撤退驻岛部队，日期定在1月下旬至2月中旬之间。

6. 需要提请各方面特别注意的是，一定要高度保持本作战计划的机密。

◎ 狼狈的撤退

日军大本营撤退令发出后，联合舰队开始紧张地忙碌起来。如何通过美军的海上封锁线，将部队安全接回来，还是个头痛的难题。联合舰队总司令山本五十六命令第 8 舰队肩负起这项艰巨的任务，并集中南太平洋战区的航空部队、潜艇部队掩护撤退行动，第 2 舰队保持机动，随时打击出动的美军舰队。

同一天，美军第六十七特混编队由埃斯皮里图岛出发，护送运输舰队驶抵铁底湾，然后突然转向西北，驶入伦格水道，直奔新乔治亚群岛。此时，海面风平浪静，云遮雾掩，细雨蒙蒙，即使日军出动侦察机也很难发现时隐时现的美军舰队。

夜幕降临时分，雨停了，乌云铅一样压在头顶。美军第六十七特混编队安全驶进新乔治亚群岛海域。舰队司令安斯乌舍命令巡洋舰的水上飞机起飞侦察蒙达机场。舰队兵分两路，由提斯德尔指挥的支援群留在附近进行反潜巡逻，炮击群则长驱直入蒙达岛。

午夜前，美军潜艇"灰鲸号"发出通报，引导战舰进入射击阵位。寂静的岛屿雨雾蒙蒙，好在雷达荧光屏能清晰地呈现出陆地的形状，炮手们争分夺秒，准确地测量出炮击距离。

1月5日凌晨1时，美军炮击群成单纵队接近机场，驱逐舰"弗莱彻号"一马当先，轻巡洋舰"纳什维尔号""圣路易斯号""海伦娜号"居中，驱逐舰"奥巴朗号"断后。美军水上飞机准时投出照明弹，山脉和海岸清晰可见。

安斯乌舍一声令下，从美舰上发射的炮弹排山倒海般倾泻到蒙达机场。第一排齐射过后，水上飞机报告："无修正。"美舰接着打出第二、三排齐射。停机坪上排列整齐的日军飞机，转眼间分崩离析，碎片四下横飞。日军高射炮指挥官以为又是美机空袭，打开探照灯搜索天空，恰好成了美舰射击的目标。炮手们弹无虚发，炸弹遍地开花，震得机场晃动起来。待日炮手掉转炮口向海上射击时，跑道已被夷为平地。

美炮击群3次齐射后停止射击，5艘战舰转向西北，航速降至18节，掉头连续速射。不到一个小时，美军便发射了150毫米炮弹3000颗、120毫米炮弹1500颗。蒙达岛大火熊熊，树木都被炮火连根削平，烧成灰烬，日机尽数被毁。蒙达机场不复存在，日军挽救瓜岛的最后一线希望彻底破灭了。

1月9日，美军陆军第二十五师开赴奥斯腾山换防，大量物资运上阵地。美军为减少伤亡没有急着找日军决战，而是用猛烈的炮火切断日军的补给线，打退企图下山抢粮的小股日军。穷途末路的日军食物和军火均已断绝，只能吃昆虫、青蛙、蜥蜴，甚至皮带。陷入绝境的日军可怜巴巴地等着援军，然而，他们还不知道，日军大本营已经做出了从瓜岛撤军的决定。

1月10日，日军8艘驱逐舰在瓜岛海峡高速向东南航行，在新乔治亚岛的澳洲海岸观察者发现情况后立即向美军报告。美军出动鱼雷艇提前进入攻击阵位。4艘鱼雷艇在萨沃岛与埃斯帕恩斯角以西构成一条拦击线，2艘鱼雷艇在埃斯帕恩斯角与瑞卡塔湾之间巡逻，2艘鱼雷艇在多玛湾与隆加角之间巡逻。

　　1月11日0时37分，美军一艘鱼雷艇发现日军4艘驱逐舰向东南航行，距海岸不到1海里。一艘日军驱逐舰离队向萨沃岛驶去，其他3艘继续前进。美军鱼雷艇马上发射鱼雷，但没有命中。发射鱼雷的闪光暴露了它的位置，日军驱逐舰发炮还击，两次齐射就把它击毁了。美军的其他鱼雷艇迅速赶来助战，共发射16枚鱼雷，打伤1艘日军驱逐舰。

瓜岛战争中的指挥官们

1月13日下午，日军10艘满载给养和1000名士兵的驱逐舰离开肖特兰港，开往瓜岛，准备接应岛上的驻军撤离。参谋本部作战课课长井本雄男也在其中一艘舰上，他的任务是亲自向第十七军团司令百武晴吉传达撤退命令。

1月15日黄昏，美军发现了日军运送给养的驱逐舰队，因发现时间太晚，派飞机轰炸已经来不及了，便从图拉吉岛派出13艘鱼雷快艇前去截击。当天夜里，乌云低垂，日军不顾天气恶劣，仍派飞机对美军鱼雷艇进行轰炸和扫射。当2艘美鱼雷艇用机枪射击扑向日军飞机时，在雷鸣电闪中发现了5艘日军驱逐舰，位于萨沃岛和埃斯帕恩斯角之间的2艘鱼雷快艇立即对日驱逐舰发射鱼雷，但无一命中。

美军鱼雷艇发射鱼雷后，企图向东撤退，日军驱逐舰迅速插到前面，把美鱼雷艇拦阻在萨沃岛的西面，一艘美鱼雷快艇在逃跑中触礁，其他鱼雷艇也没有完成截击任务，从而使得日军的1000名士兵顺利登陆。

井本雄男在埃斯帕恩斯角登陆后，被眼前的景象惊呆了。海滩上躺满了等待上船返回拉包尔的伤病员，任风吹雨打，呻吟嚎叫，无人理睬。他们中大部分人已经死去，腐烂的尸体发出刺鼻的恶臭。大雨中，井本好不容易叫起一个清醒的士兵，向他打听去十七军团司令部的路。那人有气无力地说："沿着尸体一直走下去就到了！"

井本和新来的1000名士兵跌跌撞撞地走进丛林，沿着山道而行。每走一步就会碰到一具姿势不同的尸体，有的躺着，有的趴着，有的靠着树根坐着，有的吊在树枝上。井本梦游般来到塔辛姆波科村，饿殍遍及营地，茅屋早已为美机炸烂，十七军团司令部由一些破烂的帐篷组成。

井本背着背包在泥泞的雨水中瞎摸乱撞，总算碰上了一个熟人杉之尾三夫少佐。杉之热情接待了老朋友，他请井本先到他的帐篷里休息一下，天亮后再去见参谋长。在帐篷里，井本见到小沼治夫大佐和其他几个参谋，他们正躺在树叶铺成的床上睡觉。井本请大家起来喝酒，吃东西。没有一个人客气，这些人贪婪地吞食着好久不见的食物，并开玩笑说："明天就是死也值了，要是有支香烟抽抽就更好了。"

"大家死不了了，"井本拿出一盒香烟，分发给大家，"我是来请你们吃生鱼片的。"

"别急，撤回去后让你们抽个够。"

小沼悄悄地问："上边决心要撤退啦？"

"很快你就知道了。"井本没有直接回答小沼的问题。

◎ 饿殍遍地，骷髅成堆

1月15日晨，闷闷不乐的小沼带着井本雄男走进隔壁的帐篷，拜见第十七军团参谋长宫崎秀一陆军少将。宫崎迫不及待地说："感谢你带来给养，拉包尔方面决定什么时候发起进攻？"

井本搓着手婉转地说："恐怕今村司令长官要放弃进攻了。"

"为什么？"

"这是大本营的命令。"

"那下一步怎么办？"

"撤退。"

"不行，这绝对不行！"小沼忍不住插嘴，"这不等于是我们彻底失败啦？"

沉默，沉默，长时间的沉默。

"帝国陆军从没有过败退的先例，"宫崎打破沉默，"我们决定战死沙场，以保持皇军的光荣传统！"

"我已下令死守阵地，"小沼愤怒地说，"前方将士大都和敌人搅在一起，想撤下来也不容易啊！"

井本不想跟小沼和宫崎辩论，他也是陆军中的一员，也想维护陆军的荣誉，但大势已去，无力回天，第十七军团必须执行命令。

1月17日，井本雄男中佐终于见到了第十七军团司令百武晴吉中将，并把大本营决定撤退的命令向其做了传达。百武听完后，长时间没有说话，他无法接受撤退的事实，日本陆军一向把荣誉看得重于生命，视退却为奇耻大辱。他坐在一张简陋的办公桌前，闭目沉思。

井本拿出第八方面军司令今村均签署的撤退令，说："将军，我理解你此时的心情，但这是天皇陛下的旨意，谁都不能违抗。"

百武睁开沉重的眼皮，身心交瘁地说："给我一段时间考虑一下好吗？"

井本退出帐篷，焦虑不安地等待着百武的答复。他知道时间拖得越长越不利，说不定绝望的军官们要弄出兵变或者集体自杀。这个时候，美机又来轰炸了，井本跑进防空洞躲避炸弹，百武却一直没有离开帐篷。

17日中午，美军轰炸机过后，附近丛林化为一片焦土，百武的帐篷却安然无恙。井本再次走进帐篷，见司令长官端坐在中央，两腿八字分开，指挥刀立在双腿中间。看样子百武打算让美机炸死自己，可惜美军让他失望了。

井本连忙问："请将军尽快给我答复，今村司令还等着回信呢。"

百武平静地说："请转告方面军司令部，一切失败的责任由我一个人承担，第十七军团接受命令，全面撤离瓜岛！"

此时，美军的情报机关没有获悉日军撤离瓜岛的战略企图，反而全力以赴部署兵力，准备向瓜岛上的日军阵地发动大规模进攻。

1 月 22 日，美军南太平洋舰队司令哈尔西陪同海军部长诺克斯和太平洋舰队总司令尼米兹抵达瓜岛视察。美军没有一个人能够看出日军在撤退。瓜岛指挥官帕奇颇有谋略地认为，美军最早也得于 4 月 1 日才能消灭岛上的日军。令美军没有想到的是，日军正在导演一场太平洋上的敦刻尔克大撤退。此次撤退由 200 架飞机掩护，20 余艘驱逐舰接应。

2 月 2 日晨，日军担任第一批撤运任务的 19 艘驱逐舰虽然在途中遭到美军轰炸机的攻击，但是没有受到任何损失，顺利返回肖特兰岛。

2 月 4 日，日军第二次撤运开始。1 艘巡洋舰和 22 艘驱逐舰不顾美机的狙击轰炸，突击抢运，顺利地完成了使命。

2 月 7 日，日军进行了第三次撤运。18 艘驱逐舰冒着雷暴雨再次顺利完成任务。对于日军的 3 次撤运，美军却判断为增援。日军 3 次从瓜岛撤出陆军约 9800 人，海军约 830 人。对此，尼米兹如是说："日军伪装巧妙，行动果敢，因而能够顺利完成撤退任务。"

2 月 9 日 16 时 25 分，美军占领瓜岛，正式宣告瓜岛战役结束。瓜岛上的战火熄灭了，丛林中的日军散兵游勇成为被天皇遗弃的子民。他们听不到一点丛林外的消息，吃的东西要自己去找。有人错把毒草当成维生素类野菜，吃完后浑身青肿，伸腿瞪眼一命呜呼。饥肠辘辘的痛苦，一次又一次地冲击着他们活下去的念头。有一个叫山田一雄的日本士兵，侥幸活了下来，他曾描述过当时的情形："我们的肉体忍受能力已经达到极限，饥饿比战争、屠杀和轰炸更可怕。近来主要以虫子、野鼠和爬行动物为食。随军医疗所里的纱布已经用完了。皮带、皮鞋和皮钱包等都被煮熟吃了。即使如此，丛林里仍然饿殍遍地，骷髅成堆。每当我们与它们相遇，几乎分不清生者与死者……"

美军完全占领瓜岛后，哈尔西听说丛林里还有很多被困的日本残兵。参谋人员不主张扫荡，提议焚烧丛林。哈尔西认为事先应侦察一下日军残兵的情况。于是，组成了一个特种搜查队。队长富莱顿上尉率领50名美军士兵，带着一个通晓日语的澳大利亚军官当翻译，他们很快就出发了。丛林中生长着大片大片的芭蕉树和棕榈树，蔓草盘根错节绕树横生，满地都是枯枝败叶，根本没有道路。空气湿热，没有一块干燥的落脚点，到处都是没足的稀泥。

美军特种搜查队大约行进了10公里，嗅到一股东西腐烂的恶臭。为了驱散毒气和臭味，队长富莱顿命令士兵们喝口威士忌。大家深一脚浅一脚地艰难行进着。不多时发现了一片片蛇皮、鳄鱼皮和蝎子尾巴。大家又小心翼翼地走了一段，在一片洼地上发现了坍塌的帐篷、丢弃的钢盔、破军服和一堆堆的尸骸。白骨越来越多，令人毛骨悚然。

正在这时，远处好像晃动着两个披头散发的人影，他们依偎在一棵大树下。一个士兵刚要开枪，被富莱顿制止了，吩咐澳大利亚译员上前问话。原来是两个日本女人，她俩站起来，没走几步就摔倒了。澳大利亚军官事后才了解到，她们是两个奇迹般活下来的慰安妇，一个叫幸子，一个叫阿惠。美军士兵递给她们三明治和甜饼，两个女人艰难地张开嘴巴把食物塞进去，整个地往下吞咽。这两个人几乎已经变成了喘息的木乃伊，从破烂的军服窟窿里露出的两个干瘪的乳房证明了她们的性别。

两个从地狱死里逃生的日本女人被送进了俘虏收容所。美国人想弄清这一骇人听闻的奇迹，问她俩到底是怎么活下来的。她们说，开始的几个月跟伙伴们一起吃树皮和椰子，后来吃一些小生物和死人肉。在收容所里，她们怎么也不肯说自己是出卖肉体的慰安妇，只说是军队中的女兵。吃饱肚子后，她们仍对盟军怀有敌意，坚信皇军不败，帝国联合舰队很快会卷土重来，占领西南太平洋诸岛。直到日本无条件投降、她们被遣送回国时，才醒悟到自己和瓜岛上的骷髅都是战争的牺牲品，禁不住痛哭流涕。

瓜岛争夺战是太平洋战争期间日美之间空前残酷的消耗战，双方为此付出了沉重的代价。美国一位战地记者在报道中写道："对于我们这些身临其境的人来说，瓜岛不是一个地名而是一种感觉。这种感觉使人回想起那些殊死的战斗，夜晚激烈的海战，为供应和修建机场所做的狂热努力，在潮湿的丛林中进行的残酷厮杀，划破夜空的凄厉的炸弹，以及军舰炮轰时震耳欲聋的爆炸声。"

美日瓜岛争夺战后的墓地

瓜岛争夺战历时半年，美军先后共投入兵力 6 万人，战死 1600 人，伤 4200 人，飞机损失 250 架，各类舰船共损失 27 艘，总吨位 13.8 万吨，其中航空母舰 2 艘、重巡洋舰 6 艘、轻巡洋舰 2 艘、驱逐舰 14 艘、运输船 3 艘；日军先后投入 3.6 万人，战死 1.5 万人，病死 9000 人，被俘 1000 人，飞机损失 850 架，各类舰船共损失 40 艘，总吨位 22 万吨，其中航空母舰 1 艘、战列舰 2 艘、重巡洋舰 3 艘、轻巡洋舰 1 艘、驱逐舰 11 艘、潜艇 6 艘、运输船 16 艘。

瓜岛战役是日本陆、海军协同作战的首次失败，同时也是盟军在南太平洋诸岛登陆作战的首次胜利。盟军在南太平洋上掌握了战略主动权，预示着整个太平洋战争进入了新的篇章。